Franz Liszt in der zeitgenössischen Photographie

Sammlung Ernst Burger

FRANZ LISZT

IN DER ZEITGENÖSSISCHEN PHOTOGRAPHIE

Sammlung Ernst Burger

Sandstein

EDITORIAL

Der Münchner Pianist und Musikerbiograph Ernst Burger hat seine einzigartige Sammlung zeitgenössischer Portraitphotographien von Franz Liszt dem Schlossmuseum Sondershausen für ein Ausstellungs- und Katalogprojekt zur Verfügung gestellt. Für die Bereitschaft und das Vertrauen danke ich ihm ganz herzlich!

Anlass der Ausstellung ist das 400-jährige Orchesterjubiläum des in der Residenzstadt Sondershausen beheimateten Klangkörpers, der heute unter dem Namen Loh-Orchester bekannt ist. Im Jahr 2019 ist die Musikstadt Sondershausen außerdem Hauptveranstaltungsort der Liszt-Biennale Thüringen – zwei Ereignisse, die Sondershausen ins Blickfeld der musikinteressierten Öffentlichkeit rücken.

Es bleibt die Frage zu beantworten, weshalb eine Würdigung Franz Liszts im nordthüringischen Sondershausen stattfindet. Was verbindet den Komponisten Franz Liszt mit Sondershausen? Ein Blick in die traditionsreiche Musikgeschichte der ehemaligen Residenzstadt kann Aufschluss geben.

Am Hof der Grafen, ab 1697 Fürsten von Schwarzburg-Sondershausen hat Musik immer eine große Rolle gespielt: als Mittel der Repräsentation, im kirchlichen Kontext, zur Unterhaltung oder auch als Betätigungsfeld von Mitgliedern der Regentenfamilie. Eine Spurensuche nach Zeugnissen musikalischen Lebens in der Sondershäuser Residenz führt ins 16. Jahrhundert. Musikeraustausche zwischen Sondershausen und Isenburg, der Heimat der Gräfin Elisabeth von Schwarzburg, sind für diese Zeit belegt. Als frühester Hinweis auf einen Klangkörper am Sondershäuser Hof gilt heute das Jahr 1619. In einem Bewerbungsschreiben des Musikers Tobias Michael (1592–1657) auf die Stelle des Thomaskantors in Leipzig gibt der Bewerber als Referenz seine Tätigkeit als Kapellmeister der »Grafflichen Schwarzburgischen Capelle« in Sondershausen an. Somit muss bereits 1619 eine Hofkapelle in der Sondershäuser Residenz bestanden haben. Ihre Entwicklung durch die Jahrhunderte hinweg hing stark von den persönlichen Ambitionen der Regenten ab. Die Besetzung der Kapellmeister spielte ebenso eine Rolle wie die der Musiker im Orchester. So gab es Blütezeiten der Hofkapelle, aber auch Zeiten der Stagnation.

Zu den Blütezeiten zählt das erste Drittel des 18. Jahrhunderts. Der als »Friedensfürst« und Förderer der Wissenschaft und der Künste in die schwarzburgische Geschichte eingegangene Fürst Günther I. von Schwarzburg-Sondershausen (1678–1740) sorgte mit seiner Einstellungspolitik von hochkarätigen Musikern für die Fürstliche Hofkapelle und durch den Erwerb zeitgenössischer Kompositionen für eine moderne musikalische Aufführungspraxis am Sondershäuser Hof. Dazu lieferte der bis 1732 als Hofkapellmeister angestellte Johann Balthasar Christian Freislich Kompositionen für kirchliche und weltliche Anlässe. Diese und das auf verschiedenen Wegen angeschaffte Notenmaterial, bestehend aus Kompositionen von Stölzel, Telemann, Steffani, Orlandini u. a., geriet in der Folgezeit in Vergessenheit und rückte erst im 19. Jahrhundert durch seinen Fund unter der Orgel der Schlosskapelle wieder ins Bewusstsein. Heute werden diese Notenhandschriften des 18. Jahrhunderts und das Aufführungsmaterial des 19. Jahrhunderts in der Musikalia-Sammlung des Schlossmuseums Sondershausen bewahrt.

Im 19. Jahrhundert war das Sondershäuser Musikleben allerdings von ganz anderen Inhalten geprägt. Die Konzerte der Fürstlichen Hofkapelle beschränkten sich nicht mehr auf den engen Zirkel des Hofes, sondern standen seit 1805 dem bürgerlichen Publikum der Residenzstadt offen. Die sogenannten Loh-Konzerte – »Open-air«-Konzerte auf dem Lohplatz im Schlosspark – waren fester Bestandteil der jährlichen Sommermusiksaison in der Residenz. Die Sondershäuser Bürger hatten nach Festlegung des regierenden Fürsten Günther Friedrich Carl I. von Schwarzburg-Sondershausen (1760–1837) kostenfreien Zugang zu den Loh-Konzerten. Die Konzertprogramme veränderten sich mit der Entwicklung des Orchesters. Anfangs eine reine Bläserformation, an deren Spitze der bekannte Klarinettist Johann Simon Hermstedt stand, wandelte sich der Klangkörper nicht zuletzt durch die Anforderungen, die der Bau des Fürstlichen Hoftheaters (1825) und der stark auf Musiktheater ausgerichtete Spielplan mit sich brachten, zu einem sinfonischen Orchester. Für Bläser bearbeitete Musiken von Mozart bis Bach wichen zunehmend Kompositionen in Sinfonieorchesterbesetzung, bei der anfangs Sondershäuser Hofbeamte als sogenannte Dilettanten mitwirkten. Im ersten Drittel des 19. Jahrhunderts gehörte es zu den Sondershäuser Gepflogenheiten, dass Hofbeamte bevorzugt eingestellt wurden, wenn sie ein Musikinstrument spielen konnten. Bemerkenswert ist, dass neue Musikstücke relativ zeitnah zu ihren Uraufführungen in Sondershausen gespielt wurden. Programmgestaltung und Qualität der Konzerte sorgten schnell dafür, dass sich der Ruf Sondershausens als ein Zentrum moderner Musik über die Grenzen des Fürstentums verbreitete. Die Hofkapellmeister Eduard Stein und Max Erdmannsdörfer brachten immer wieder Kompositionen der sogenannten Neudeutschen (Liszt, Wagner, Berlioz, Raff u. a.) zur Aufführung. In einer Zeit, als diese noch um ihren Platz in den renommierten Konzertsälen rangen, waren ihre Kompositionen feste Bestandteile der Konzertprogramme und Opernspielpläne in Sondershausen.

Das Sondershäuser Publikum wurde über mehrere Jahrzehnte in der Rezeption der zeitgenössischen Musik gebildet. Diese Pionierarbeit und der exzellente Ruf der Fürstlichen Hofkapelle blieben auch Franz Liszt in Weimar nicht verborgen. Er besuchte ab den 1850er Jahren mehrfach Konzerte in Sondershausen. Das Sondershäuser Publikum feierte seine Anwesenheit jedesmal enthusiastisch. Zahlreiche Anekdoten ranken sich um diese Besuche. Franz Liszt kam nach Sondershausen, um der Aufführung seiner Werke und der seiner Weggefährten beizuwohnen, in seinem Gefolge oft Schüler, Komponisten und Musikkritiker. Mit der Wienerin Pauline Fichtner trat in den 1870er Jahren eine Liszt-Schülerin häufig mit der Fürstlichen Hofkapelle auf. Sie wurde 1874 Gemahlin des Sondershäuser Hofkapellmeisters Max Erdmannsdörfer. Musiker wie die Geiger Karl Wilhelm Uhlrich, Friedrich Wick und Willi Burmester, Konzertmeister Henri Petri, der Hornist Eduard Pohle, die Cellisten Louis Lübeck und Fritz Monhaupt, Kontrabassist und Tenor Gustav Laska, gehörten dem Sondershäuser Orchester an; andere wie Louis Spohr mit Gattin, Johann Nepomuk Hummel, der Geiger Joseph Joachim, die Pianisten Wilhelm Backhaus und Frederic Lamond gaben Gastkonzerte und setzten Maßstäbe. Der junge Engländer Alexander Campbell Mackenzie sammelte musikalische Erfahrungen in Sondershausen; Hugo

Riemann, Max Reger, Philipp Spitta, Joseph von Wasielewsky, Alfred Reisenauer ließen sich von der lebendigen, musikdurchtränkten Atmosphäre in Sondershausen anziehen. Auch Franz Liszt muss diese Atmosphäre aufgenommen haben. Sein Urteil zur Sondershäuser Hofkapelle formulierte er 1871 in einem Brief an Freiherrn von Thüna: »Die Kapelle, die er [Erdmannsdörfer] dirigiert, zählt zu den renommiertesten Deutschlands, und das mit Recht, denn die Orchesterwerke sind nirgends mit soviel Klugheit, Genauigkeit und Kraft ausgeführt worden. Das ist ein großes Wunder, eingesperrt in einer kleinen Stadt.«
Vielleicht erklären sich so die zahlreichen Einladungen der Fürstlichen Hofkapelle zu Musikfesten in ganz Deutschland. Mit der Ausrichtung des Festes des Allgemeinen Deutschen Musikvereins vom 3. bis zum 6. Juni 1886 in Sondershausen erlebte die Fürstliche Hofkapelle einen weiteren Höhepunkt und sichtbare Anerkennung. Die Feierlichkeiten waren gleichzeitig die Vorfeier zum 75. Geburtstag des Ehrenpräsidenten des Vereins, Franz Liszt, der selbst in Sondershausen anwesend war. Von den sechs Konzerten der Tonkünstlerversammlung unter der Leitung des Hofkapellmeisters Carl Schroeder waren zwei ausschließlich den Kompositionen von Franz Liszt gewidmet. Im Fürstlichen Hoftheater erklangen die Symphonischen Dichtungen *Die Ideale*, *Hamlet*, *Bergsymphonie* und *Hunnenschlacht*, in der Stadtkirche das Oratorium *Christus*. Alexander Siloti und Arthur Friedheim, beide Liszt-Schüler, traten als Solisten auf.
Die aus diesem Anlass vom Weimarer Hofphotographen Louis Held angefertigten Photos zeigen u.a. Franz Liszt vor der Loh-Halle, umringt von Anhängern und Schülern. Das Dokument zum 23. Tonkünstlertreffen in Sondershausen ist auch Bestandteil der Sammlung von Ernst Burger und in diesem Katalog publiziert. Es hält Franz Liszts letzten Besuch in Sondershausen fest und ist eine der letzten Photographien von Franz Liszt überhaupt. Zwei Monate später verstarb er in Bayreuth.
Die hier versammelten mehr als 100 Photographien von Franz Liszt, angefertigt zu unterschiedlichen Zeiten an unterschiedlichen Orten eines Künstlerlebens, zusammengetragen vom Verehrer Liszts und exzellenten Kenner der Musikszene des 19. Jahrhunderts Ernst Burger, sind Dokumentation und Erinnerung an eine auch in Sondershausen gerühmte und verehrte Musikerpersönlichkeit. Wenngleich Sondershausen für Franz Liszt vermutlich nur eine Episode in seinem bewegten Leben war, ist sein Einfluss auf das Musikleben der ehemaligen schwarzburgischen Residenz manifest und bis heute wach – in den Veranstaltungen der Liszt-Biennale Thüringen, in der Reihe der Liszt-Konzerte im Sondershäuser Schloss, in der musikgeschichtlichen Abteilung des Schlossmuseums Sondershausen und seinen Sonderausstellungen sowie in den Konzertprogrammen des Loh-Orchesters Sondershausen. Die Strahlkraft der Tradition im kulturellen Leben der Musikstadt Sondershausen ist unlösbar mit der Person Franz Liszts verbunden.

Christa Hirschler

VORWORT

Franz Liszt – welch ein Künstlerleben! Umjubelt als unübertroffener Pianist, vom Publikum vergöttert, von den Frauen geliebt, so erobert er die Konzertsäle Europas, eine stolze, eine unwiderstehliche Gestalt. Ein Kosmopolit, eine durch imposante Männlichkeit bestechende Persönlichkeit, ein kühner, revolutionärer Komponist, dessen Bedeutung man erst heute allmählich erkennt. Ein geistvoller Schriftsteller, ein selbstloser Förderer von geradezu unglaublicher Freigebigkeit, ein Gesellschaftsmensch par excellence, ein frommer Katholik, der schließlich das Abbé-Kleid wählt. 1000 Stimmen sprechen in ihm, er will allen gerecht werden, bis er zweien das Wort redet: »Zur Hälfte bin ich Franziskaner, zur Hälfte Zigeuner.« Franz Liszt, der auf der Höhe seiner Triumphe das Konzertpodium verlässt, um sein Genie und sein Ansehen für die neue Musik seiner Epoche einzusetzen, ist die konsequente Verkörperung des romantischen Zeitalters.

Am 22. Oktober 1811 im damals ungarischen Raiding (heute Burgenland, Österreich) geboren, nimmt Franz Liszt schon als Kind die Melodien der Zigeuner in sich auf, die durch seinen Geburtsort ziehen. Als Siebenjähriger deutet er auf Beethovens Portrait: »Ein solcher will ich werden!« Wien, wo man das pianistische Wunderkind verwöhnt, wird zu eng. Paris, die künstlerische Metropole des 19. Jahrhunderts, ist das nächste Ziel. Dort wird »Le petit Litz« gefeiert, seine Oper *Don Sanche* kommt 1825 in der Pariser Oper unter Rodolphe Kreutzer zur Uraufführung, der berühmte Adolphe Nourrit singt die Titelrolle. Der 15-jährige Liszt gilt schließlich als alle Virtuosen überragender Pianist. Seine hohe Intelligenz und tiefe Religiosität drängen ihn jedoch in andere Bahnen. Er fühlt plötzlich Abscheu vor dem bloßen Effektrausch der Virtuosität, vertieft sich in religiöse Schriften und will in den Dienst der Kirche treten; doch das väterliche Veto verhindert dies: Er gehört der Kunst.

Paganini tritt in Paris auf. Von dessen stupender Meisterschaft beeindruckt, konzentriert sich Liszt erneut auf seine pianistische Technik. Er erweitert die Grenzen seines Instruments, drängt ins Transzendentale.

Er freundet sich mit Hector Berlioz an, dessen *Symphonie fantastique* (1830) er für das Klavier überträgt, und mit Frédéric Chopin, der sich eben in Paris niedergelassen hat. Liszt, der schlanke, vornehme Jüngling, der sich in seiner Kunst ein Königreich geschaffen hat, der sich an der Dämmerstimmung eleganter Boudoirs berauscht, hat den Schritt über seine Kindheit hinaus längst getan. Die Elite von Paris sucht seine Gesellschaft: Heine, Musset, Rossini, George Sand.

Gräfin Marie d'Agoult tritt in sein Leben. Sie zieht mit ihm nach Genf und schenkt ihm drei Kinder, darunter Cosima, die spätere Gattin Hans von Bülows und Richard Wagners. Es schließen sich die großen Europa-Tourneen an, die seinen Ruf als unbestrittenen König der Pianisten begründen. Man überhäuft ihn mit Ehrungen, reizvolle Damen wie Charlotte von Hagn, Lola Montez oder die »Kameliendame« Marie Duplessis verlieben sich in ihn. Überall fasziniert seine Virtuosität, siegt sein elegantes Weltbürgertum. Die Hälfte seiner Konzerteinnahmen spendet er für wohltätige Zwecke, u. a. für den Kölner Dombau, für die Opfer des großen Hamburger Brandes, für die Notleidenden der Überschwemmungskatastrophe in Ungarn, für das Bonner Beethoven-Denkmal. Fast zehn Jahre lang

treibt es ihn von Stadt zu Stadt, zwischen St. Petersburg und Gibraltar, Glasgow und Konstantinopel. Von Marie d'Agoult hat er sich getrennt. In der Ukraine begegnet er 1847 Fürstin Carolyne von Sayn-Wittgenstein, die ihren Mann verlässt und ihm folgt.
Im Alter von 36 Jahren, auf dem Höhepunkt seiner Karriere, zieht sich Liszt als Konzertpianist zurück. Er sucht nach neuen künstlerischen Ausdrucksformen. In Weimar, das nach dem Tod Goethes und Schillers von seiner großen Vergangenheit träumt, nimmt er die für ihn bescheidene Stelle des Hofkapellmeisters an. Sein Orchester wird jahrelang nie mehr als 40 Musiker umfassen. Zusammen mit Carolyne bewohnt er die Weimarer Altenburg. Hier entstehen seine bedeutendsten Werke, die Symphonischen Dichtungen, die Klavierkonzerte, die *h-moll-Sonate*. Und wieder umdrängen ihn Künstler und Gelehrte: Alexander von Humboldt, Varnhagen von Ense, Hoffmann von Fallersleben, Emanuel Geibel, Friedrich Hebbel, Wilhelm von Kaulbach, Moritz von Schwind, Adolf von Menzel, Friedrich Preller und Ernst Rietschel. Man verehrt ihn, nur wenige – darunter leider auch Johannes Brahms – lehnen ihn ab, niemanden aber lässt er gleichgültig. Anton Rubinstein, Peter Cornelius, Joachim Raff, Hans von Bülow und Carl Tausig werden seine Schüler und genießen oft monatelang seine großzügige Gastfreundschaft auf der Altenburg – das meisterliche Vorbild stets vor Augen.
1848 festigt sich seine Freundschaft zu Wagner, dessen Werk in Weimar seinen Siegeszug beginnt. Anlässlich eines Banketts 1876 in Bayreuth bekennt Wagner, indem er auf Liszt zeigt: »Hier ist derjenige, welcher mir zuerst diesen Glauben entgegengetragen, als noch keiner etwas von mir wusste, und ohne den Sie heute vielleicht keine Note von mir gehört haben würden, mein lieber Freund Franz Liszt.«
Rom, die heilige Stadt, öffnet ihm die Pforten. Hier legt er das Abbé-Gewand an, ein langersehnter Jugendtraum. In den Klöstern Madonna del Rosario und St. Francesca Romana, im Vatikan und vor allem in der Villa d'Este entwickelt er eine rastlose kompositorische Arbeit mit dem Akzent auf kirchenmusikalischen Werken. Sein Schüler August Stradal schildert Liszts Behausung: »Ein steinerner Betstuhl, ein einfacher Tisch! Eine tiefe Traurigkeit kam über mich. Nach einem Leben, erfüllt von den allergrößten Erfolgen, die je ein Musiker hatte – die Armut, Entbehrung und Versinken in weltfremde Einsamkeit! Ich sah zwei Welten: Liszt, der mit Ehren und Auszeichnungen von den höchsten Potentaten überschüttet ganz Europa durchzog, und dann St. Maria del Rosario!«
Der Großherzog Carl Alexander ruft ihn 1869 nach Weimar zurück. In der nun folgenden Zeit verbringt Liszt je ein Drittel des Jahres in Weimar, Budapest und Rom, ständig umgeben von der künftigen europäischen Pianistenelite, unter ihnen Eugen d'Albert, Sophie Menter, Emil von Sauer und Alexander Siloti. Komponisten wie Edvard Grieg, Bedřich Smetana und Alexander Borodin suchen ihn auf, um sich Rat zu holen, und niemand verlässt ihn ohne Unterstützung – oft in Form einer gefüllten Börse. Es gibt in der Musikgeschichte keine Parallele zu einer solchen Hingabe an die Musik und die Musiker.
Das Todesjahr 1886: Noch einmal begibt sich der 75-Jährige auf Reisen. Rom, Budapest, Lüttich, Paris, London, Antwerpen, Brüssel, Weimar, Luxemburg sind einige der Stationen.

Die Städte, die dem Virtuosen einst zu Füßen lagen, überhäufen jetzt den Komponisten mit Ehrungen. Seine früher vielfach abgelehnten Werke finden nun unerwartet freundliche Aufnahme. Die Menschen scheinen zu ahnen, dass sie dieser beeindruckenden Musikerpersönlichkeit mit dem langen silberweißen Haar ein letztes Mal begegnen. Todkrank, fast erblindet, kommt er auf Wunsch Cosimas zu den Bayreuther Festspielen. Er besucht die *Parsifal*- und *Tristan*-Aufführungen, in der Wagner-Loge an eine Säule gelehnt, den quälenden Husten mühsam unterdrückend, um die Vorstellung nicht zu stören. Wenig später liegt er, von Schmerzen gepeinigt, auf dem Totenbett. Am 31. Juli 1886 schließt Franz Liszt für immer die Augen.

»Mit Franz Liszt ist eine der merkwürdigsten und glänzendsten Inkarnationen des modernen Geistes heimgegangen. Nie war ein Künstler gefeierter, ein Mann umschwärmter, eine Persönlichkeit populärer als Liszt. Jedes Kind kannte diesen scharf modellierten, majestätischen Kopf mit dem glatt herabhängenden Haar, den unter energisch vorragenden Stirnknochen so geistvoll leuchtenden Augen, den feinen, an den Mundwinkeln ironisch nach aufwärts gezogenen Lippen. Es gab kein prägnanteres und kein bekannteres Gesicht in Europa. Wir gedenken des Momentes, da Liszt vor fünf Jahren [es war am 3. April 1879, also vor sieben Jahren] mitten in einer Quartett-Soirée als bescheidener Zuhörer den Wiener Musikvereinssaal betrat und das ganze Publikum, zu ihm gewendet, plötzlich in spontanen, anhaltenden Applaus ausbrach. Dasselbe geschah in Paris, in London – wo nicht? [...] Es steckte ein unwiderstehlicher Zauber in Liszts Persönlichkeit, welche, so frei und offen daliegend, doch immer zugleich einen geheimnisvollen Winkel barg. Immer geistvoll erregt, schlagfertig, teilnehmend an allen Interessen der Kunst und Wissenschaft, der Gesellschaft und Politik, voll edlen, werktätigen Mitgefühls für die Menschheit und voll Liebenswürdigkeit gegen den Einzelnen [...]« Dies schrieb 1886 in einem ausführlichen Nachruf ein Mann, der eigentlich ein erbitterter Gegner Liszts war, nämlich Eduard Hanslick, der wohl bekannteste Musikkritiker des 19. Jahrhunderts. Er betonte dabei den Zauber und die Faszination, die von Liszt ausgegangen war. Liszt sei »seinerzeit unstreitig die bekannteste Persönlichkeit in Europa« gewesen. »Wie gewaltig, wie erschütternd wirkte schon seine bloße Erscheinung«, hatte Heinrich Heine bereits 1844 festgestellt, und Ernst Rietschel äußerte in einem Brief von 28. Januar 1855 über Liszt: »Es kommt solch Gesicht vom Künstler selten unter die Hand.« Ferdinand Gregorovius schließlich schilderte 1862 Liszt als »auffallende, dämonische Erscheinung«.

So ist es nicht verwunderlich, dass Liszt gerade für die Photographen eines der lohnendsten Objekte war. Kein anderer kann für sich in Anspruch nehmen, von so vielen bedeutenden Lichtbildnern portraitiert worden zu sein: Hermann Biow, Franz Hanfstaengl, Adam-Salomon, Pierre Petit, Fritz Luckhardt, Louis Held, Nadar – um nur einige zu nennen. Dass es von Liszt so viele Photographien gibt, sollte man ihm nicht als Eitelkeit auslegen. Die Photographen rissen sich um ihn, versprachen sie sich doch bei seinen zahllosen Verehrern einen profitbringenden Absatz ihrer Bilder. Oft schleppten ihn auch Freunde oder Schüler für ein Erinnerungsphoto ins Atelier, auf diese Weise entstanden die meisten

Gruppenaufnahmen. Die bisweilen etwas theatralischen Posen, die Bildhintergründe mit pompösen Draperien, Säulen oder Möbeln darf man nicht Liszt anlasten, sie waren Ideen der Photographen und entsprachen dem Zeitgeschmack. Der starre Gesichtsausdruck und die steife Haltung einiger früherer Bilder sind auf die langen Belichtungszeiten zurückzuführen.

Die Photographien Liszts belegen nicht nur den Wandel seiner Physiognomie, sondern dokumentieren auch die Frühzeit der Photographie, angefangen bei der Daguerreotypie von 1843 über das Kalotypie- und Papiernegativverfahren, das etwa ab 1855 gebräuchliche Kollodiumverfahren, die seit 1860 so beliebten Carte-de-visite-Bilder sowie die Bromsilber/Gelatineabzüge der 1880er Jahre. Die Frühzeit der Photographie endet ungefähr gleichzeitig mit Liszts Tod (1886). Bis dahin war jeder Photograph Erfinder, Spekulant und – vor allem – Künstler in einer Person. Experimentierlust, Unternehmertum, Technik und Kunst waren hier stets vereinigt. Zwischen 1880 und 1890 beginnt eine Ausdifferenzierung innerhalb der Photographie, die deren Frühzeit beendet. Statt einer Photographie, die vor allem Kunst sein will, gibt es nun verschiedene Arten von Photographie, die entweder Kunst oder Dokumentation, entweder das Bildwerk des Kunstphotographen oder aber die optische Tagebuchnotiz eines Amateurs sein soll.

Ernst Burger

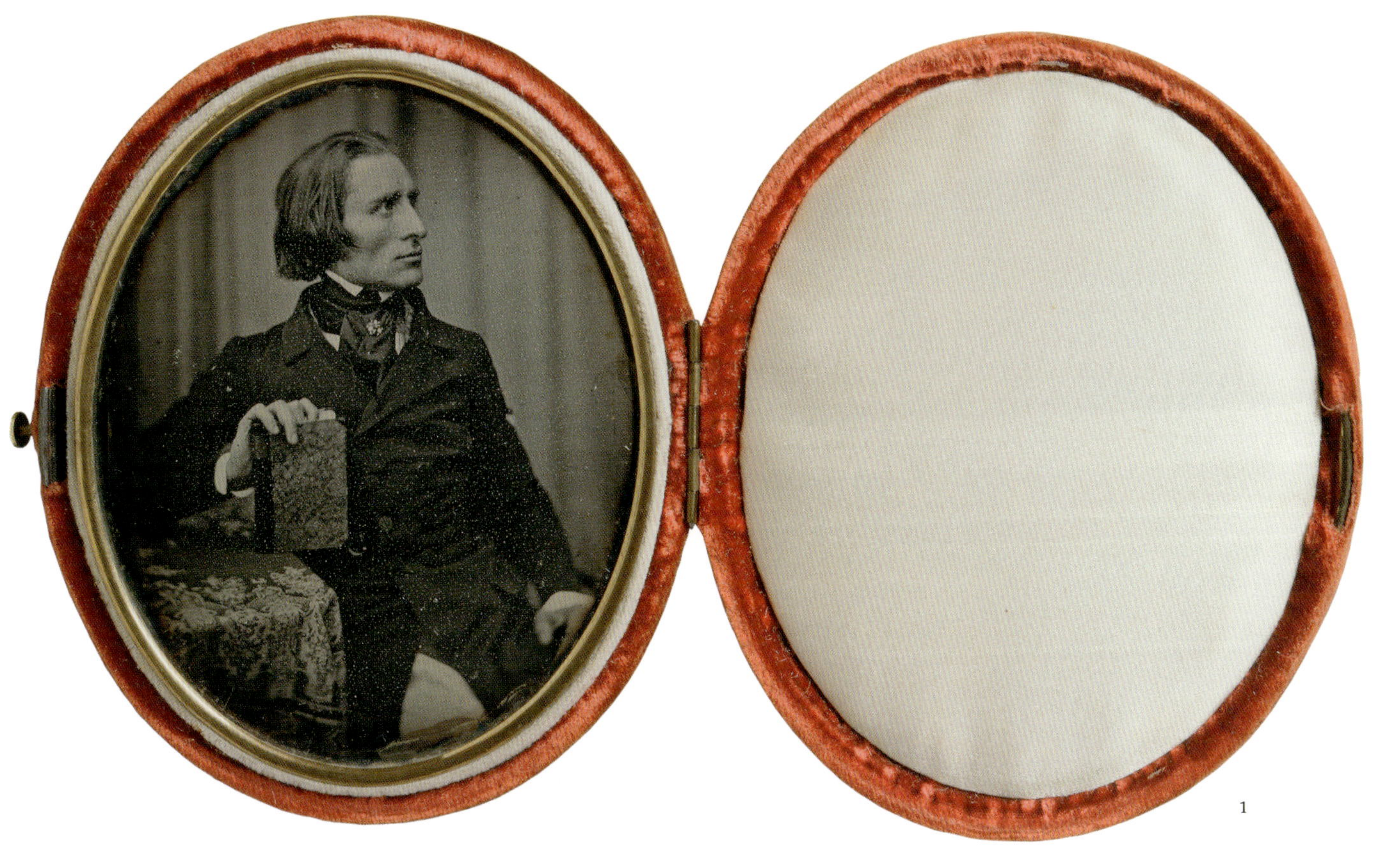

1

1
Hermann Biow, Hamburg, Juni 1843.

Diese (hier etwa in Originalgröße abgebildete) Daguerreotypie ist die früheste bisher bekannte Photographie Franz Liszts. Sie zeigt ihn, als er im Zenit seiner Pianistenkarriere stand.

Hermann Biow (1804–1850), wohl der bedeutendste deutsche Daguerreotypist, gründete eines der ersten photographischen Ateliers in Deutschland. Bereits im August 1841 etablierte er in Altona (erst seit 1937 heißt es Hamburg-Altona), Königstraße 163, eine heliographische Anstalt, in der er »vollkommen ähnliche Portraits, auf Silberplatte, in einer halben Minute bis höchstens zwei Minuten Sitzungszeit« anfertigte. Im August 1842 verlegte er sein Studio auf den Belvedere des »Baumhauses« in Hamburg und arbeitete ab 1. September 1842 vorübergehend mit dem Daguerreotypisten Carl Ferdinand Stelzner zusammen – ihr gemeinsames Atelier war in der Caffamacherreihe 32 –, ehe er Mitte Mai 1843 am Neuenwall Nr. 24, Ecke Bleichenbrücke, ein eigenes neues Atelier eröffnete.

Am 27. Juni 1843 meldet Biow in den *Hamburger Nachrichten*: »Herr Dr. Franz Liszt hatte während seiner jetzigen Anwesenheit hierselbst die Güte, mir zum Daguerreotyp zu sitzen. Das Portrait dieses berühmten Künstlers habe ich bei Gabory, der Börse gegenüber, zur Ansicht für Kunstfreunde ausgestellt.«

Daguerrotypien, so benannt nach ihrem Erfinder Louis Jaques Mandé Daguerre, sind silberbeschichtete polierte Kupferplatten, die unmittelbar vor der Aufnahme mit Joddämpfen lichtempfindlich gemacht werden. Nach der in einer Camera obscura erfolgten Belichtung wird das latente Bild mit Quecksilberdämpfen entwickelt und mit Salzlösung fixiert, anschließend gewässert und getrocknet. Das fertige Positiv war ein Unikat, es gab also kein Negativ und somit auch keine Abzüge. Das photographierte Objekt war seitenverkehrt abgebildet. (Später verwendete man deshalb gelegentlich einen Reflexspiegel.)

Auch das Original der Liszt-Daguerreotypie hat eine seitenverkehrte Darstellung, die hier gezeigte Position ist die seitenrichtige. Wegen der Berühmtheit des Dargestellten, dem Rang des Photographen und wegen des frühen Entstehungsjahres ist diese Daguerreotypie ein einzigartiges photo-, kultur- und musikhistorisches Dokument.

1847/1848

Im Februar 1847 begegnet Liszt in Kiew der Fürstin Carolyne von Sayn-Wittgenstein und ist für einen Monat ihr Gast auf Schloss Woronince in der Ukraine. Von April bis August konzertiert er in Lemberg, Czernowitz, Jassy, Konstantinopel und Odessa, wo er im Juli/August zehn Konzerte gibt. Im September 1847 beendet Liszt in Elisabethgrad seine Pianistenlaufbahn und bleibt bis Ende Januar 1848 in Woronince. Anschließend reist er nach Weimar, um seiner Tätigkeit als Hofkapellmeister nachzugehen. Am 16. Februar dirigiert er Flotows *Martha*, danach Beethovens *Fidelio*. Im April weilt er bei seinem Freund Fürst Felix Lichnowsky auf dessen Schlössern Kryzanowitz und Grätz. Dort erwartet er Carolyne, mit der er sich auf der Altenburg in Weimar niederlässt. (Wegen der Illegalität ihrer Beziehung wohnt Liszt zunächst offiziell im Hotel *Erbprinz*). Im August 1848: besucht ihn überraschend Richard Wagner.
Hauptwerke 1847 *Harmonies poétiques et religieuses*, *Glanes de Woronince*, erste Symphonische Dichtungen; **1848** *Männerchormesse, Ungaria-Kantate*, Etüden, Beginn der Umarbeitung seiner *Années de pèlerinage*, Première Année: Suisse.

2
Georg Schmidt, um 1848.
Übermalte Kalotypie (Salzpapierabzug von einem Kalotyp-Negativ).
Originale Bildgröße 16,7 × 12,5 cm

Der Maler Georg Schmidt (1811–1867) lebte und arbeitete in Nürnberg, Burgstraße 26 (früher Nr. 615), unmittelbar unterhalb der Burg. 1859 erwarb er noch zusätzlich das »Schultheißenhaus«, Burgstraße 24 (früher Nr. 614) hinzu. 1846 richtete er ein photographisches Atelier ein und nannte sich künftig »Maler und Photograph«. Wegen seiner vorzüglichen Kalotypien wurde er ein gefragter Portraitist.

Nach zahlreichen Versuchen entwickelte der Engländer Henry Fox Talbot (1800–1877) um 1841 ein Negativ/Positiv-Verfahren, dessen Resultate er »Kalotypien« nannte. (Später bezeichnete man sie auch als »Talbotypien«.) Seine Negative bestanden aus dünnem Schreibpapier, das mit Wachs transparent und mit einer Jodsilberschicht und Gallussäure lichtempfindlich gemacht wurde. Nach kurzer Belichtung erhielt man durch Bestreichen mit Silbergallonitrat ein Negativ. Im Auskopierverfahren mit Wärme und Chlorsilberpapier stellte man dann die Papierpositive her, die meistens noch koloriert wurden. Man nannte sie auch »Salzpapierabzüge«.

Ein Besuch Liszts im Jahr 1846 in Nürnberg ist nicht bekannt, auf keinen Fall kam er 1847 dorthin. Die Aufnahme könnte 1848 auf der Durchreise oder auch 1849 entstanden sein.

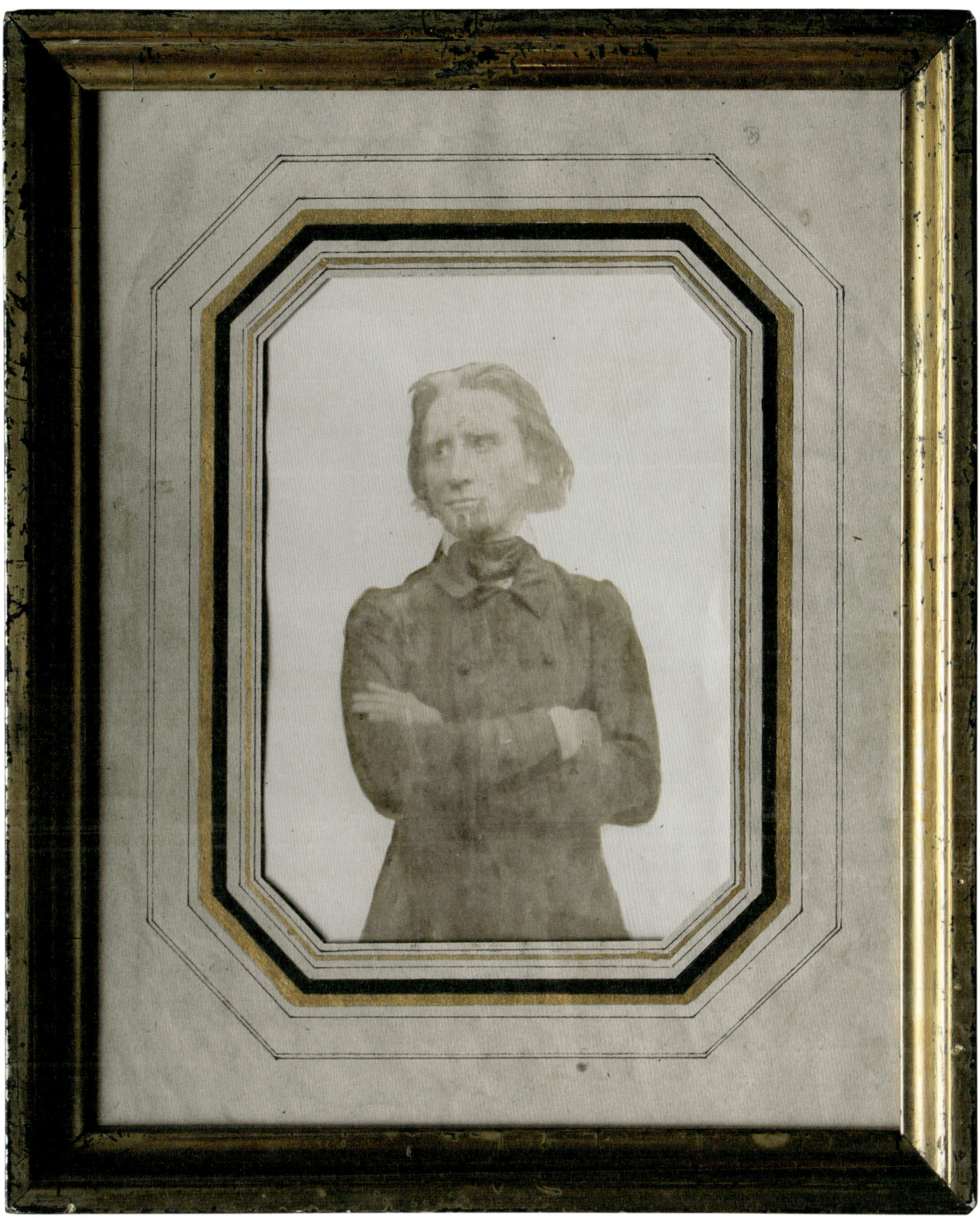

2

1849–1852

In den Jahren 1849 bis 1852 dirigiert Liszt in Weimar Wagners *Tannhäuser*, Beethovens 9. Symphonie, Donizettis *Favoritin*, Raffs *König Alfred*, Berlioz' *Benvenuto Cellini*, Verdis *Ernani*, seine eigene *Männerchormesse* und seine Symphonischen Dichtungen *Ce qu'on entend sur la montagne* und *Tasso* (Ouvertüre), dazwischen hält er sich immer wieder in Bad Eilsen auf, wo Carolyne von Sayn-Wittgenstein auf Kur ist. Sein wichtigstes Dirigat ist die Uraufführung von Wagners *Lohengrin* am 28. August 1850. Im Mai 1849 hatte Liszt den als Revolutionär flüchtigen Wagner bei sich auf der Altenburg vorübergehend aufgenommen und ihn zur weiteren Flucht in die Schweiz finanziell unterstützt. Hans von Bülow als Schüler und Joachim Raff als Sekretär lassen sich in Weimar nieder. Liszt arbeitet u. a. an seinen beiden Klavierkonzerten, dem *Totentanz*, den Symphonischen Dichtungen *Héroide funèbre*, *Prometheus*, *Les Préludes* und *Mazeppa* sowie an den endgültigen Fassungen seiner Paganini-Etüden und *Etudes d'exécution transcendante*. Zusammen mit Carolyne von Sayn-Wittgenstein schreibt er ein Buch über Chopin, das kurz danach publiziert wird.

3
Anonyme Kalotypie, um 1851
(Salzpapierabzug von einem Papiernegativ).

Abgesehen von einigen Aufenthalten in Bad Eilsen verbrachte Liszt die Jahre 1850 bis 1852 fast ausschließlich in Weimar. Dort war zu jener Zeit als erster und einziger niedergelassener Photograph Adelbert Schenk (1811–1876) tätig. Er warb 1852 in der *Weimarischen Zeitung* für seine »Photographien (Lichtbilder) auf Papier«. Da er am 14. April 1852 annoncierte: »Photographien [...] werden [...] wieder täglich gefertigt« und in einem Adressbuch von 1865 sein »seit 14 Jahren bestehendes photographisches Atelier« empfahl, ist anzunehmen, dass er bereits seit 1851 in Weimar photographierte. Möglicherweise war er der Photograph des abgebildeten Liszt-Portraits. Es ist auch nicht auszuschließen, dass es von einem umherziehenden Wanderphotographen stammt.

4
Vermutlich Carl Schenk, Jena, um 1853.
Kalotypie (Salzpapierabzug von einem Papiernegativ).

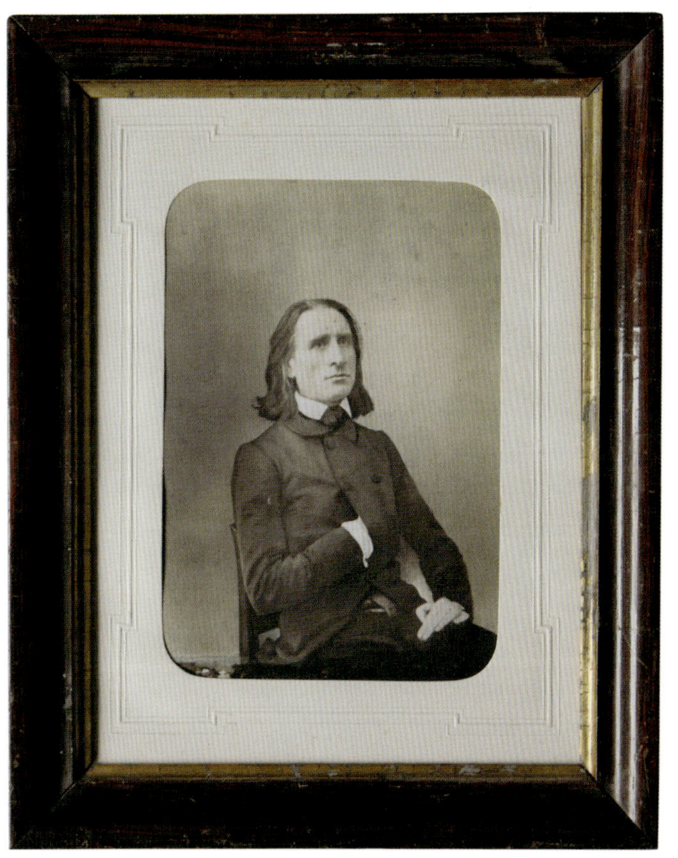
3

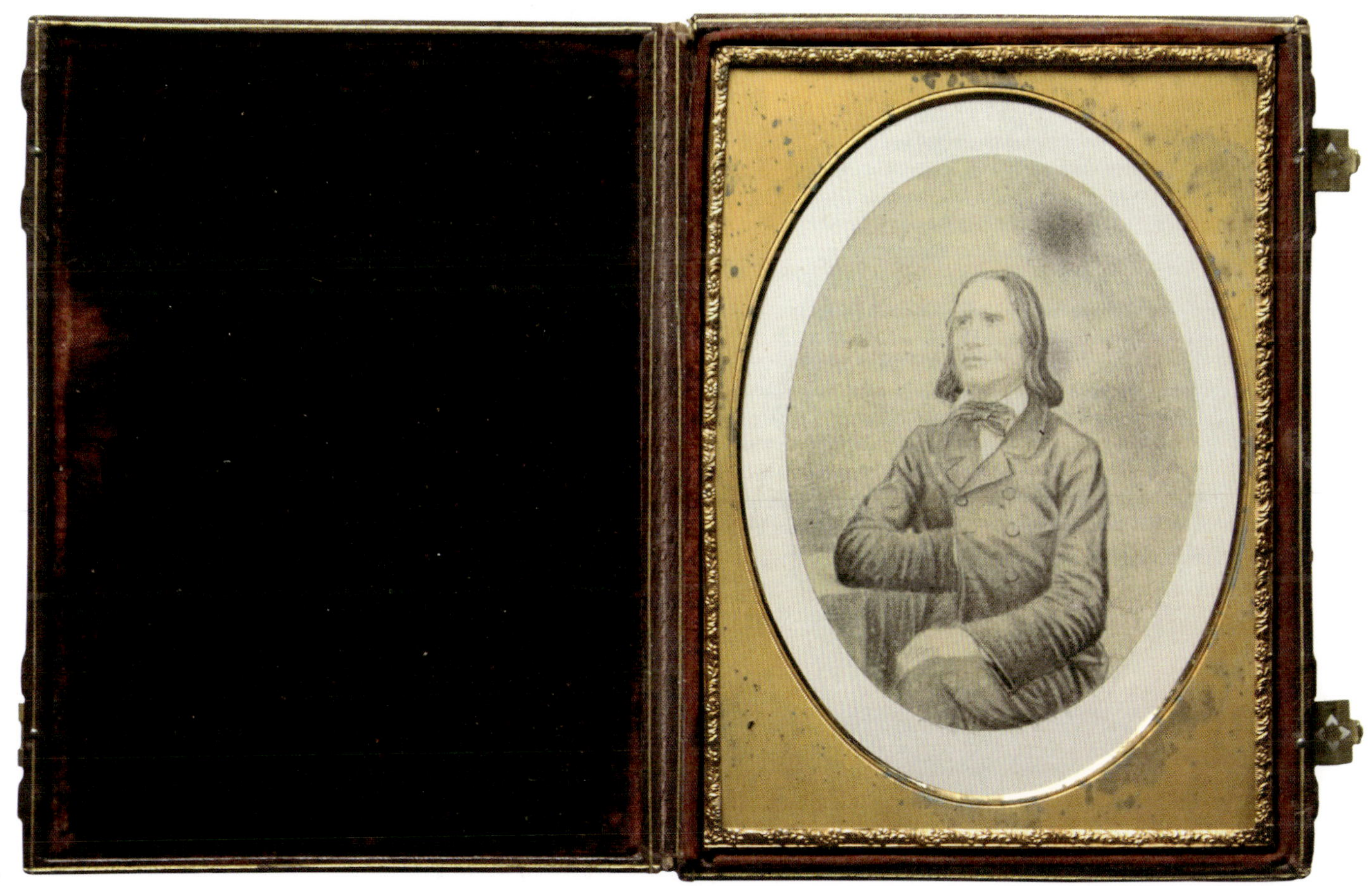
4

1853

Von Februar bis März werden *Der fliegende Holländer*, *Tannhäuser* und *Lohengrin* unter Liszt in Weimar aufgeführt. Agnes Street-Klindworth kommt als Schülerin nach Weimar, es entsteht eine überaus vertraute Beziehung zu Liszt. Vom 15. bis zum 24. Juni ist Brahms Liszts Gast auf der Altenburg, im Juli weilt Liszt bei Wagner in Zürich, im August mit Carolyne von Sayn-Wittgenstein und Bülow in Carlsbad und Teplitz, im September/Oktober in Dresden, Karlsruhe (Dirigat des Musikfestes), Darmstadt, Mannheim und Baden-Baden, anschließend mit Bülow, dem Geiger Joseph Joachim und Carolyne bei Wagner in Basel, von dort reist er Mitte Oktober mit Carolyne und Wagner nach Paris. Wagner begegnet zum ersten Mal Liszts 16-jähriger Tochter Cosima, seiner späteren Gattin. Im November zieht Peter Cornelius auf die Altenburg, im Dezember sieht Liszt Brahms und Berlioz in Leipzig wieder.
Hauptwerke 1853 *Sonate h-Moll*, die Liszt im Dezember 1852 begonnen hat und am 2. Februar 1853 beendet, Symphonische Dichtungen *Festklänge* und *Orpheus*, Umarbeitung der Klavierkonzerte und des *Totentanzes*, *An die Künstler*, *Domine salvum fac regem* und *Te Deum* für Männerchor, *2. Ballade* (h-Moll) für Klavier.

5
Carl Schenk, Jena, um 1853.
Kalotypie (Salzpapierabzug von einem Papiernegativ), im originalen Passepartout.
Originale Bildgröße 17,7 × 13,2 cm.
Passepartoutgröße 31,2 × 23,7 cm.

Carl Schenk (1813–1874) war der Begründer der Photographie in Jena. (Die Namensgleichheit mit dem ebenfalls in Jena geborenen und in Weimar tätigen Photographen Adalbert Schenk, vgl. hierzu Abb. 3, ist zufällig.) Im Juni 1853 eröffnete er in Jena das erste photographische Atelier »für unveränderte Lichtbilder auf Papier«.
Das frühestmögliche Entstehungsjahr für das Liszt-Photo ist 1853, vielleicht entstand die Photographie aber auch erst einige Jahre später.

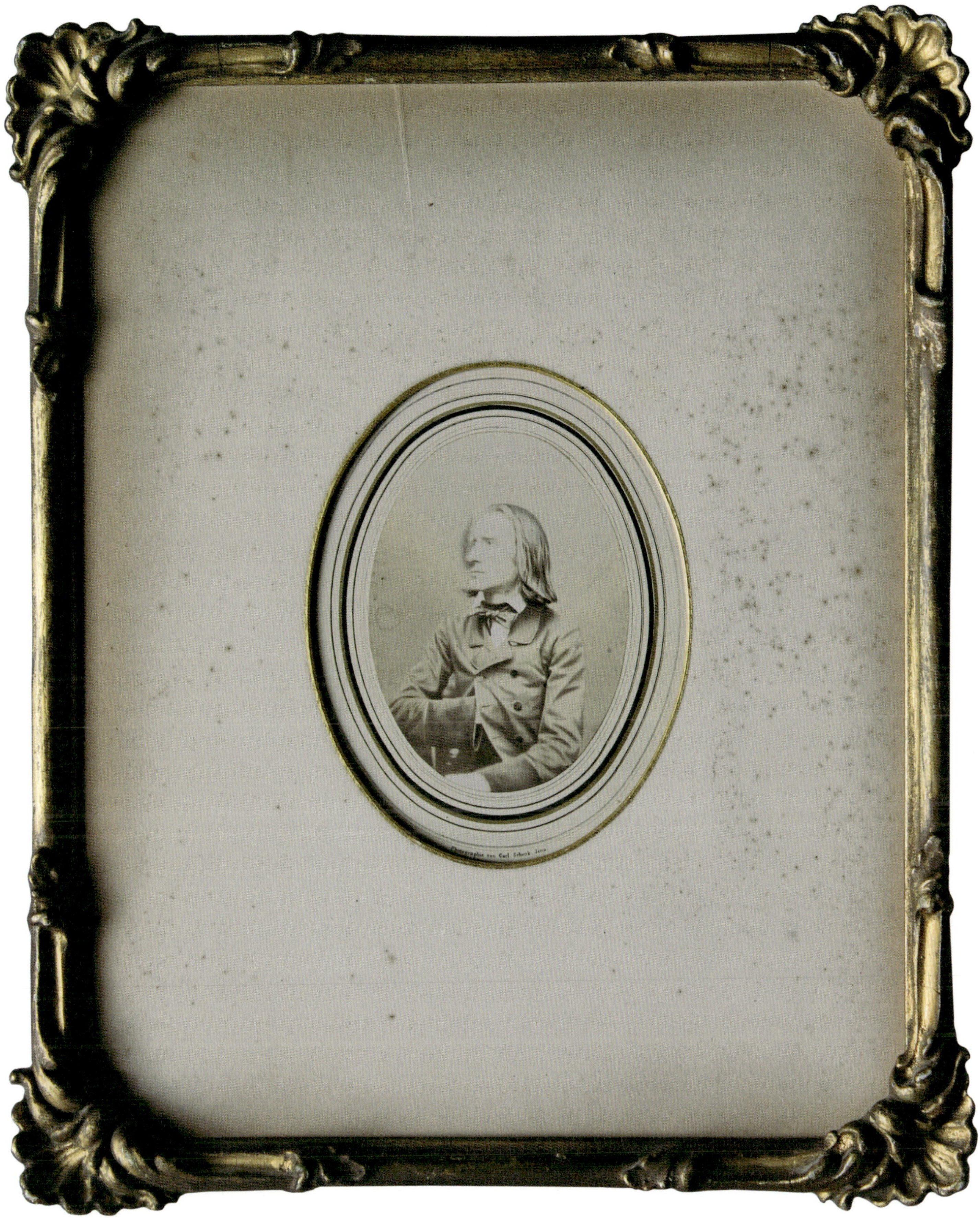

5

1854/1855

Eifrige Dirigiertätigkeit prägt die Jahre 1854/1855. Liszt bringt mehrere Werke seines Freundes Hector Berlioz zur Aufführung, von eigenen Werken leitet er die Uraufführungen der Symphonischen Dichtungen *Orpheus* und *Les Préludes* (Februar 1854) sowie *Mazeppa* (April 1854). Er reist u. a. nach Coburg, Gotha, Hannover, Braunschweig und Rotterdam. Am 24. Juni 1854 leitet er die Uraufführung von Schuberts bis dahin unbeachteter Oper *Alfonso und Estrella*. Liszts wesentliche Komposition des Jahres 1854 ist seine *Faust-Symphonie*. Im Februar 1855 veranstaltet Liszt eine Berlioz-Woche in Weimar, bei der er u. a. sein eigenes *Es-Dur-Klavierkonzert* mit Berlioz als Dirigenten uraufführt. Als weitere nennenswerte Dirigate Liszts in Weimar sind zu erwähnen: Schumanns Oper *Genoveva* (9. April 1855), Wagners *Tannhäuser* (5. und 11. Juni 1855) und Nicolais *Die lustigen Weiber von Windsor* (24. Juni 1855). Im August halten sich die drei Kinder Liszts auf der Altenburg in Weimar bei ihrem Vater auf. Seine Töchter Cosima und Blandine ziehen anschließend nach Berlin. Cosima erhält dort von Hans von Bülow Klavierunterricht.
Hauptwerke 1855 Symphonische Dichtung *Prometheus* (2. Fassung), *Graner Messe*, Beginn der Arbeit zur *Dante-Symphonie*.

6, 7
Louis Ghemar, Brüssel, Juli 1854.

Die Aufnahmen entstanden anlässlich Liszts Brüsseler Aufenthalt im Juli 1854. Die Gebrüder Ghemar waren damals Brüssels führende Photographen. Ihr Atelier war in der Rue de l'Ecuyer N° 27.

Ghemar Frères, Photographes du Roi, Bruxelles

6

7

Ghemar Frères, Photographes du Roi, Bruxelles.

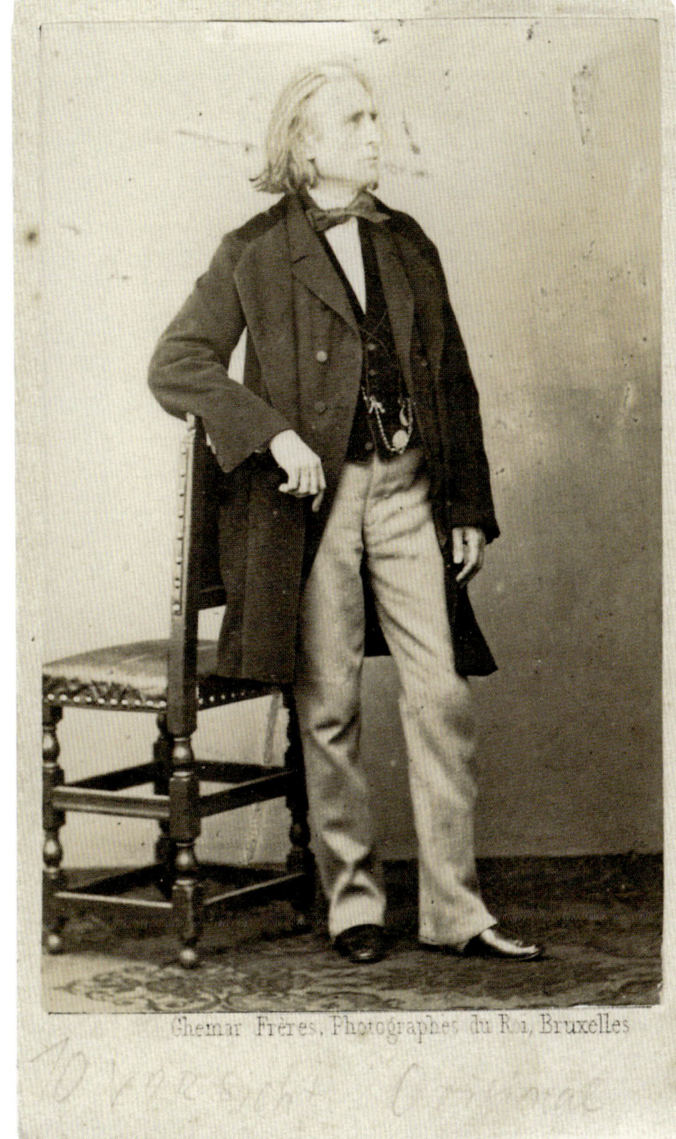

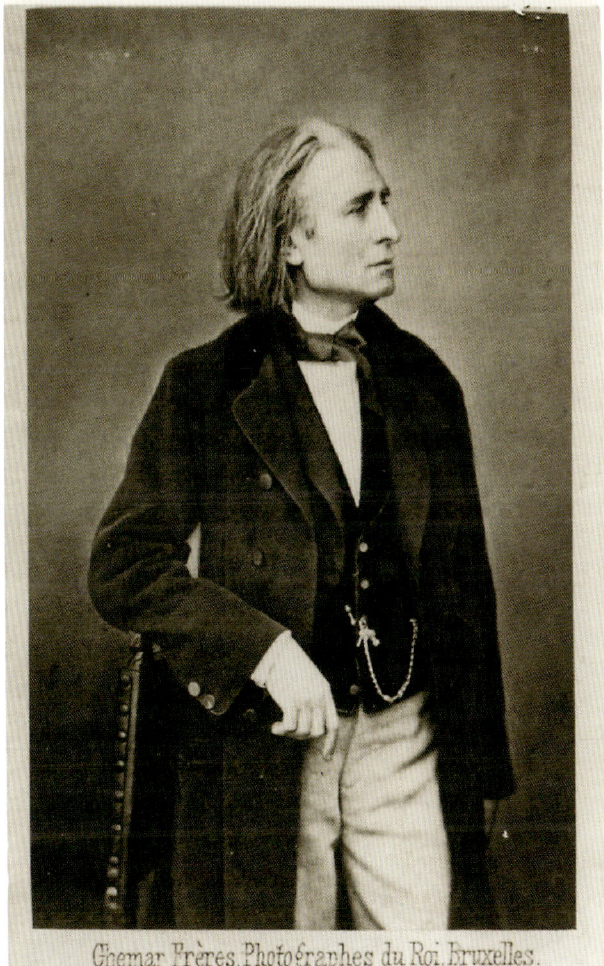

1856/1857

Zu den Wiener Feierlichkeiten Ende Januar 1856 anlässlich Mozarts 100. Geburtstag überträgt man Liszt die Gesamtleitung, da das Komitee ihn für den »berühmtesten unter den lebenden Dirigenten« hält. Zurück in Weimar veranstaltet Liszt Mitte Februar erneut eine Berlioz-Woche. Von März bis September besucht bzw. leitet er die Aufführungen seiner Werke in Merseburg, Magdeburg, Sondershausen, Pest, Wien und Prag. Im Oktober/November verbringt er zusammen mit Carolyne von Sayn-Wittgenstein sechs Wochen bei Wagner in Zürich. Im Dezember hält er sich für zwei Wochen in München auf, freundet sich mit dem Maler Wilhelm von Kaulbach an und besucht mit ihm gemeinsam den *Tannhäuser*. **Hauptwerke 1856** Symphonische Dichtungen *Hungaria* (Neufassung), *Hunnenschlacht, Die Ideale, Concerto pathétique* (für zwei Klaviere).

Am 22. Januar 1857 findet die Uraufführung von Liszts bedeutender *h-Moll-Sonate* durch Hans von Bülow in Berlin statt. Bülow spielt Liszts *Es-Dur-Konzert* mit mäßigem Anklang bei Publikum und Presse in Leipzig und Aachen. Im August heiratet Bülow Cosima in Berlin, im Oktober werden Blandine Liszt und Émile Ollivier (der 1870 für kurze Zeit französischer Ministerpräsident sein wird) in Florenz getraut. **Hauptwerke 1857** Fertigstellung von *Die Ideale* und *Hunnenschlacht.*

8

Franz Hanfstaengl, München, November und Dezember 1856.

Salzpapierabzug von einem Glasnegativ, hergestellt im nassen Kollodiumverfahren. Die Photographie entstand während Liszts Aufenthalt vom 27. November bis zum 12. Dezember 1856 in München. Abgebildet in Originalgröße.

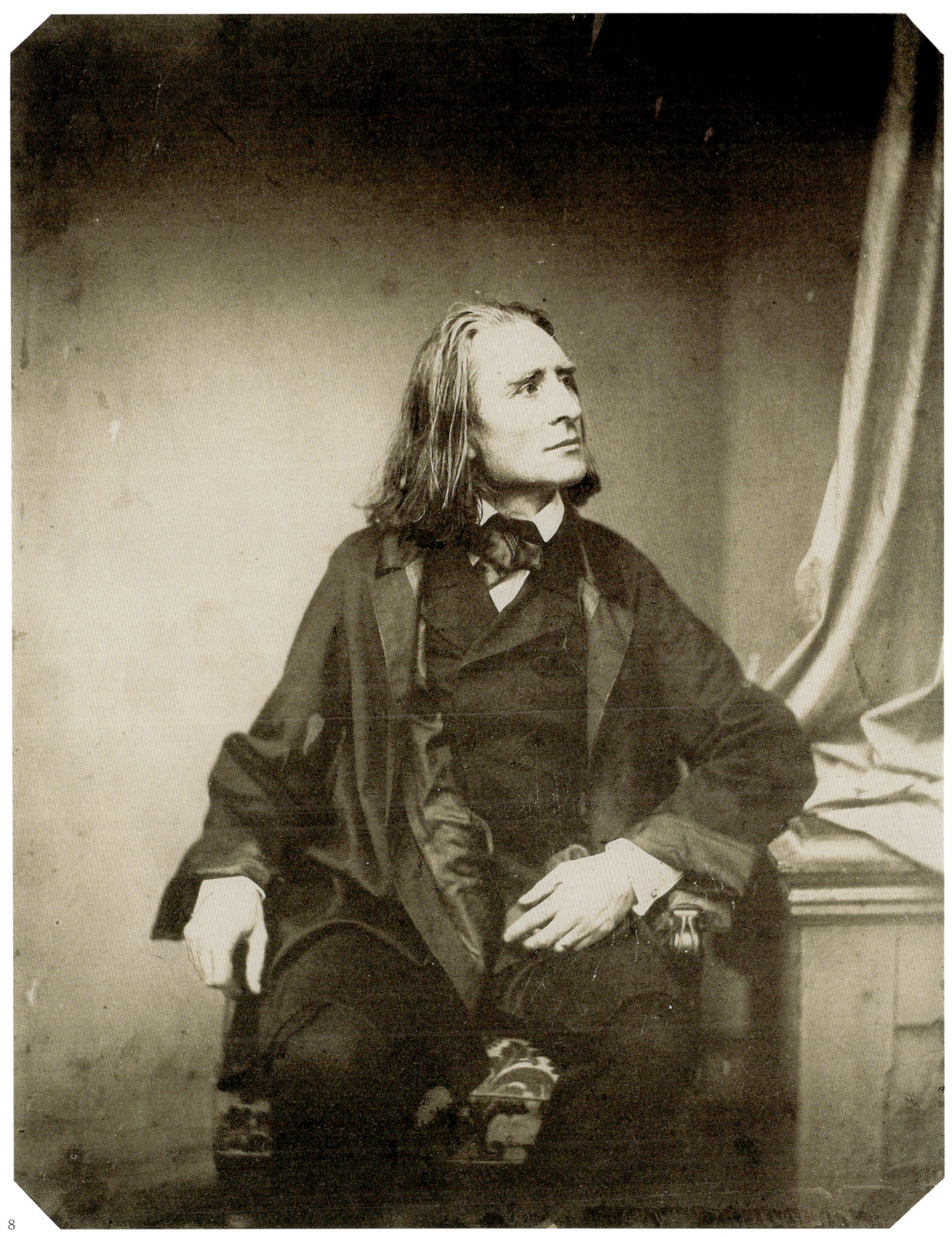

8

1858/1859

Der phänomenal begabte Pianist Carl Tausig (1841–1871), der seit Juni 1855 Liszts Schüler ist, spielt am 14. Januar 1858 in Berlin mit Bülow als Dirigent und am 11. März in Prag mit Liszt als Dirigent dessen *A-Dur-Konzert*, anschließend dirigiert Liszt seine *Graner Messe* in Wien und in Pest. Mehrere seiner Werke werden im Frühjahr und Sommer unter seiner Leitung in Löwenberg, Jena und Weimar aufgeführt. Ende August 1858 besucht er mit Carolyne den Aachensee, das Ötztal, Innsbruck und München, wo ihn Kaulbach malt. Nach seiner vom Publikum ausgezischten Uraufführung von Cornelius' Oper *Der Barbier von Bagdad* (15. Dezember 1858) legt er in Weimar sein Amt als Hofkapellmeister nieder. Im Jahr 1859 werden *Mazeppa*, *Die Ideale*, *Festklänge*, *Tasso* und die *Graner Messe* mit wechselnden Erfolgen in Berlin, Prag, Weimar und Leipzig aufgeführt. Liszt dirigiert am 1. Juni in Leipzig das Vorspiel zu Wagners *Tristan*, am 30. Oktober wird er von Kaiser Franz Joseph in den österreichischen Ritterstand erhoben. Am 13. Dezember stirbt sein 20-jähriger Sohn Daniel an Lungentuberkulose. Liszt arbeitet an der *Legende von der Heiligen Elisabeth* und am *13. Psalm* sowie an Klavierparaphrasen über Verdi-Opern.
Hauptwerke 1858 Symphonische Dichtung *Hamlet*, Umarbeitung der *Années des pèlerinage, Deuxième Année: Italie.* **Hauptwerke 1859** Oratorium *Die Legende von der heiligen Elisabeth*, 13. Psalm (Umarbeitung), *Venezia e Napoli*, 1. Mephistowalzer.

9, 10, 11
Franz Hanfstaengl, München, Oktober 1858.
Salzpapierabzüge von Glasnegativen,
hergestellt im nassen Kollodiumverfahren.

Hanfstaengl (1804–1877) war als Lithograph schon ein berühmter Mann, als er sich 1852 der Photographie zuwandte. Bald wurde er nicht nur Münchens, sondern ganz Deutschlands bedeutendster Photograph. Die Leipziger *Illustrirte Zeitung* vom 23. Oktober 1858 schreibt, dass er »als Portraitphotograph dem Range nach als erster nicht nur in Deutschland, sondern in allen Welttheilen« dastehe. Auch Liszt schätzte Hanfstaengl sehr, der neben Kaulbach und Lenbach zu seinem engeren Münchner Bekanntenkreis gehörte. Am 11. Mai 1859 bat er in einem Brief Carolyne von Sayn-Wittgenstein, ihm doch den Gefallen zu tun, sich von Hanfstaengl photographieren zu lassen – was sich aber nie ergab.

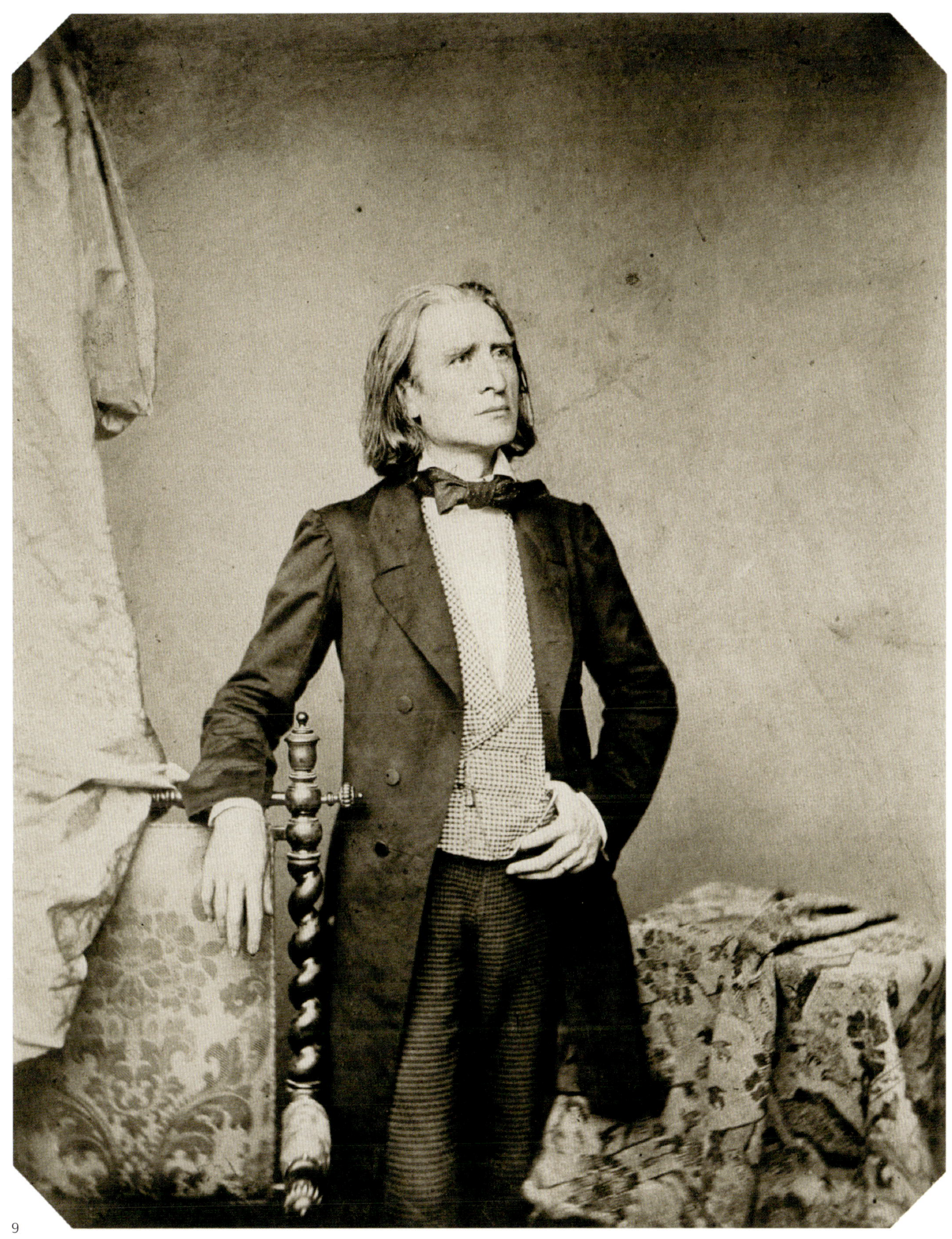

9

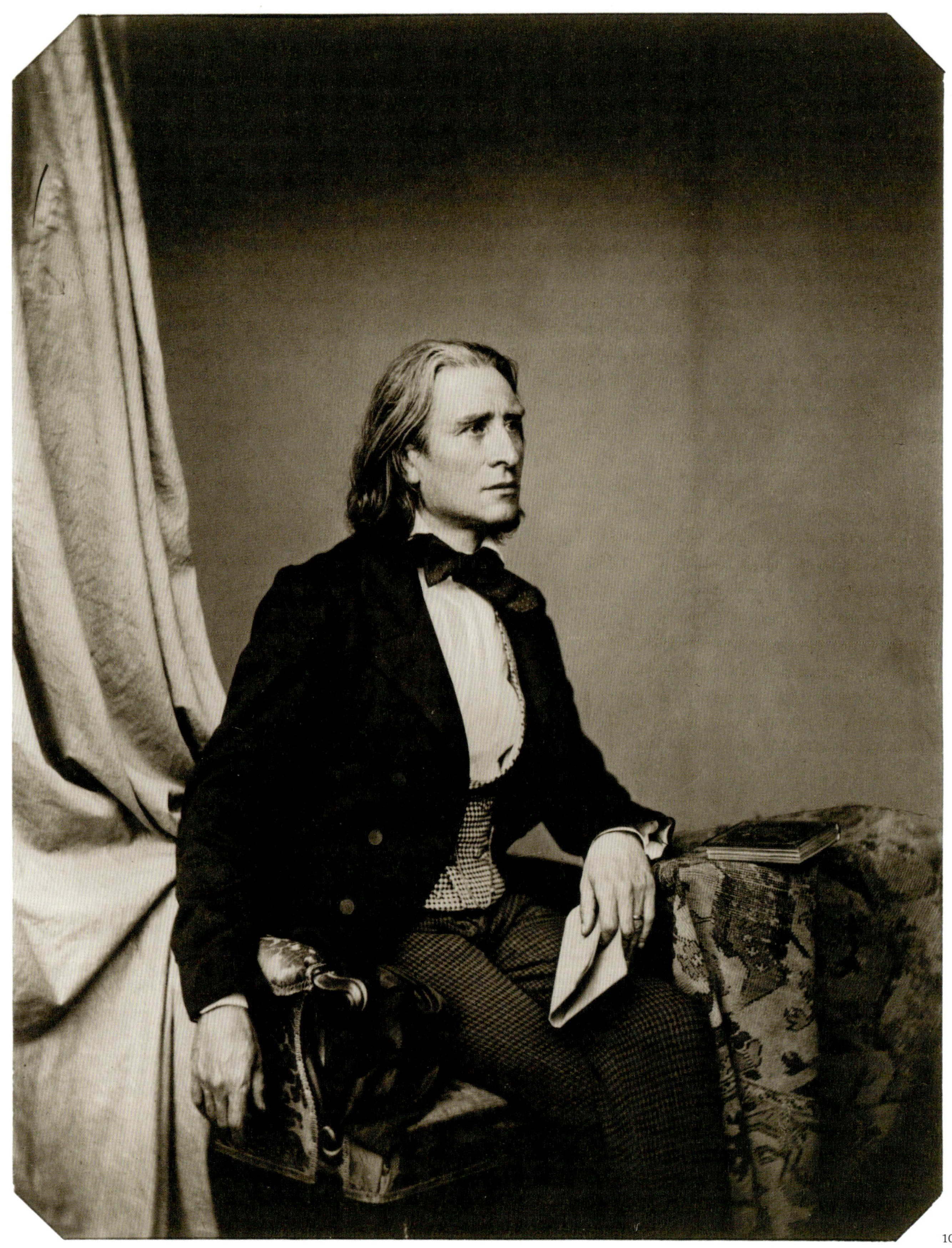

10

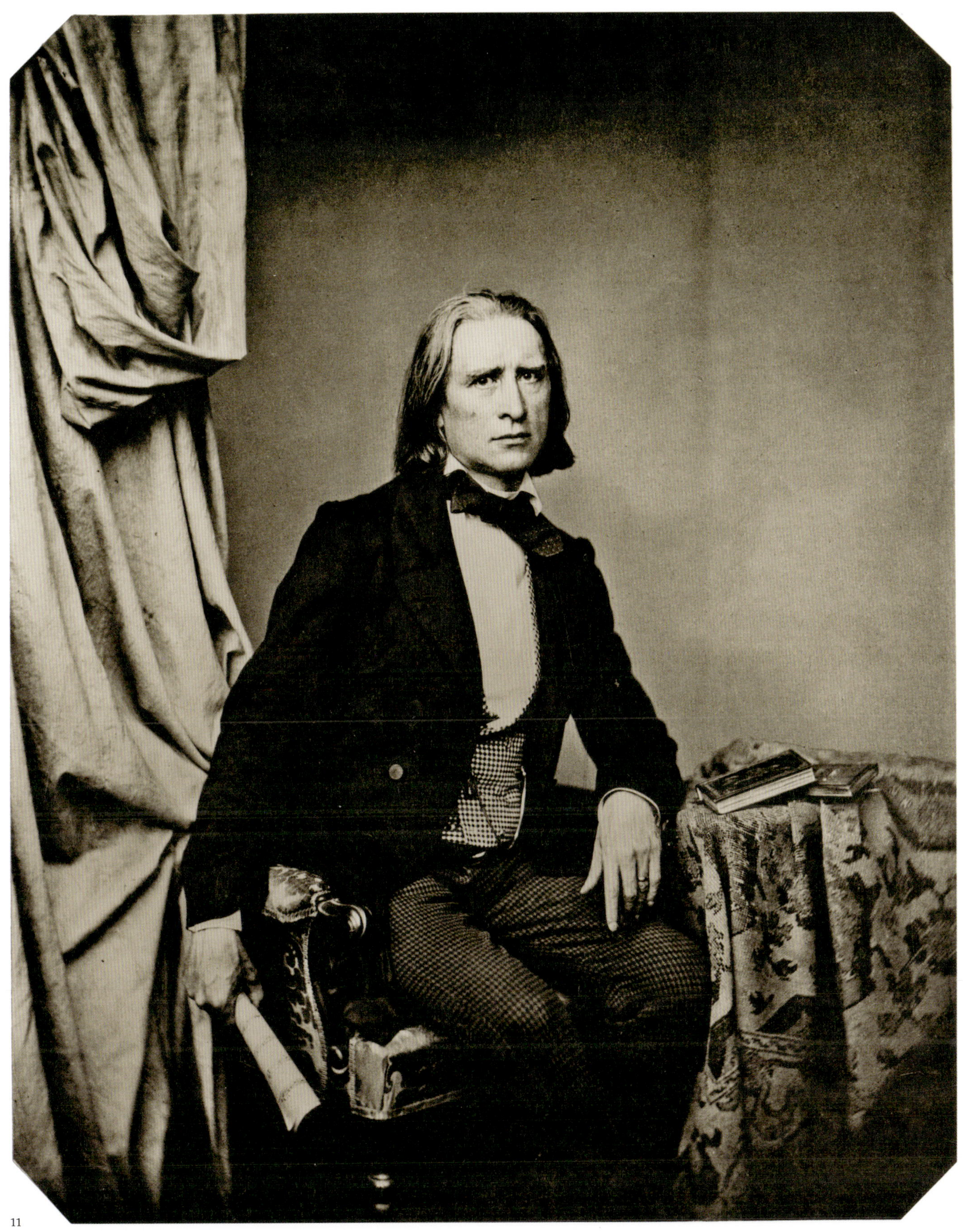

11

1860

Die Bemühungen von Großherzog Alexander, Liszt zur Wiederaufnahme der Leitung der Weimarer Oper zu bewegen, scheitern. Das Berliner *Echo* druckt Anfang März eine u. a. von Joseph Joachim verfasste »Erklärung«, in der die »Zukunftsmusik und deren Führer [Liszt und Wagner] verdammt« werden. Aus heutiger Sicht ist es unverständlich, dass auch ein Johannes Brahms ein solches Papier unterzeichnete. Am 17. Mai reist Carolyne nach Rom (das bis zu ihrem Tod im März 1887 ihr Wohnort bleiben wird), um vom Papst die Bestätigung des endlich eingetroffenen Ehe-Annullierungsdekrets zu erhalten. Die Hoffnung Liszts und Carolynes, endlich getraut zu werden, scheint sich zu erfüllen. Am 25. August wird Liszt zum Offizier der französischen Ehrenlegion ernannt. Am 14. September verfasst er sein Testament, das mit folgendem Wunsch schließt: »Ich wünsche einfach, ohne Pomp und, wenn möglich, nachts begraben zu werden. Das ewige Licht leuchte mir! Mein letzter Atemzug wird noch ein Segen für Carolyne sein.«

Hauptwerke 1860 *Les Morts* für Orchester und Männerchor (zur Erinnerung an den 1859 verstorbenen Sohn Daniel), *Zwei Episoden aus Lenaus »Faust«* (für Orchester), *Psalm 18* (Orchester und Männerchor), zahlreiche Lieder und Transkriptionen.

12

Antoine Samuel Adam-Salomon, genannt Salomon, Paris, Mitte Mai 1861.
Salzpapierabzug von einem Glasnegativ, hergestellt im nassen Kollodiumverfahren. Abgebildet in Originalgröße.

Salomon (1811–1881), einer der großen Portraitphotographen des 19. Jahrhunderts, lernte beim Erfinder der Negativretusche, Franz Hanfstaengl, die Kunst des Retuschierens am Glasnegativ und übte sie mit viel Geschick aus. Nadar beschrieb ihn als »sehr kleinen dürren Mann, phantastisch und bizarr wie Hoffmanns Meister Coppelius, beunruhigend, beinahe unheimlich, und bemerkenswert unerträglich wegen seiner durchfallähnlichen Flut von Kalauern, die er ständig von sich gab«.

Salomon hatte sich bereits als Bildhauer einen großen Namen gemacht, ehe er 1858 zur Photographie überwechselte. Dabei kamen ihm natürlich die Erfahrungen des Bildhauers zugute. Außerdem bewies er feines Gespür für die optimale Beleuchtung der Modelle, die, einem zeitgenössischen Urteil zufolge, »in seinen Händen nur eine Spur weniger plastisch wirken, als wenn sie in Ton geformt wären, mit dem der Bildhauer normalerweise umgeht.« Die *Times* bezeichnet seine Bilder als die vortrefflichsten Portraitaufnahmen der Welt. Der Dichter und Staatsmann Alphonse de Lamartine, der die Photographie bis dahin nur mit Verachtung gestraft hatte, ließ sich von den Arbeiten Adam-Salomons völlig umstimmen und betrachtete die Photographie fortan als eine Form der Kunst.

Die an der Malerei orientierte Art der Wiedergabe seiner Modelle, die Adam-Salomon à la Rembrandt und van Dyck oder nach dem Vorbild anderer Meister mit Samt drapiert posieren ließ, musste in der Tat Kritiker faszinieren, die photographische Abbildtreue noch nicht zu würdigen wussten und stattdessen überzeugt waren, erst das »malerische« Arrangement mache die Photographie zur Kunst. – Adam-Salomon eröffnete 1859 in der Rue de La Rochefoucauld sein erstes Atelier, ehe er 1865 in der Rue de la Faisanderie ein zweites gründete.

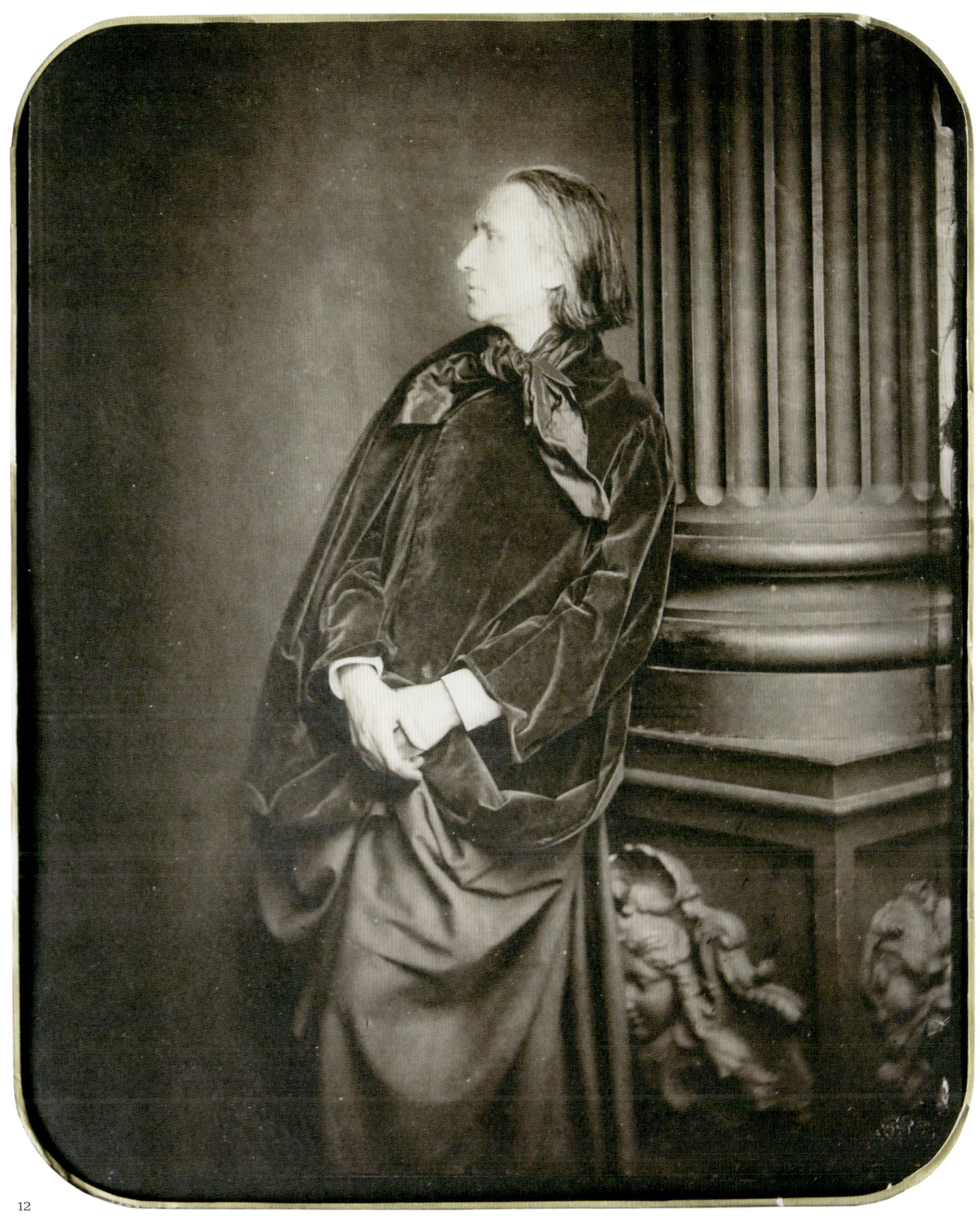

12

1861/1862

Nach Aufführungen verschiedener Symphonischer Dichtungen in Löwenberg, Leipzig und Weimar verbringt Liszt den Mai in Paris, wo er nach 17 Jahren Marie d'Agoult, die Mutter seiner Kinder, wiedersieht. Am 17. August verlässt er Weimar und trifft nach Aufenthalten in Löwenberg, Berlin und Marseille am 20. Oktober in Rom ein, wo am 22. Oktober, seinem 50. Geburtstag, die Trauung mit Carolyne stattfinden soll. Zufällig anwesende Verwandte Carolynes erheben im letzten Moment Einspruch. Liszt bezieht eine kleine Wohnung in der Via Felice (heute Via Sistina) 113 und bleibt für die nächsten Jahre in Rom. Er arbeitet an der *Legende von der Heiligen Elisabeth* und an Klavierübertragungen von Werken Schumanns und Gounods.

Zu Beginn des Jahres 1862 komponiert Liszt eifrig an seiner *Legende von der Heiligen Elisabeth.* Bald ist er auch in Rom wieder von der Elite der Künstler und Gelehrten, des Adels, der Geistlichkeit und – wie in allen Phasen seines Lebens – der Frauen umgeben. Am 10. August 1862 beendet er die Partitur und einen Monat später auch den Klavierauszug der *Legende von der Heiligen Elisabeth*. Am 11. September 1862 stirbt seine 27-jährige Tochter Blandine.

Werke 1862 *Variationen über Bachs Motiv »Weinen, Klagen, Sorgen, Zagen«*, Konzertetüden *Waldesrauschen* und *Gnomenreigen*.

13
Numa Blanc, Paris, Mai 1861.

Numa Blanc hatte am Boulevard des Italiens N° 29 und in der Rue Vivienne N° 49 Ateliers. Im Briefwechsel vom 7. und 27. Juli 1861 sowie 27. April und 16. Mai 1862 mit seiner Tochter Blandine bat Liszt, ihm mehrere Exemplare seiner Photographien von Numa Blanc zu schicken.

14
Louis Frisch, Weimar, 1861.

Frisch eröffnete sein »artistisch-photographisches Atelier« 1861 im *Russischen Hof* zu Weimar. Das Atelier-Interieur mit Säule und Balustrade ist typisch für die Zeit nach 1860.

15
Ludwig Haase, Berlin, September oder Oktober 1861.

Ludwig Haase führte in Berlin, Friedrich-Straße 178, ein Atelier.

16
Antonio D'Alessandri, Rom, 1861 oder 1862.

D'Alessandri (1818–1895), ein Priester aus Aquila, galt als hervorragender Portraitphotograph. Seine Kunden waren vor allem römische Aristokraten sowie Mitglieder des päpstlichen und bourbonischen Hofes.

Antonio D'Alessandri hatte sein erstes Atelier von 1856 bis 1865 in der Via del Babuino 65, in der Nähe des Hauses, in dem Carolyne von Sayn-Wittgenstein damals lebte. Später zog er in die Via del Corso 10–12 und anschließend in die Via Condotti 61–63. Auch in Neapel, Via della Pace 7, betrieb er ein Atelier.

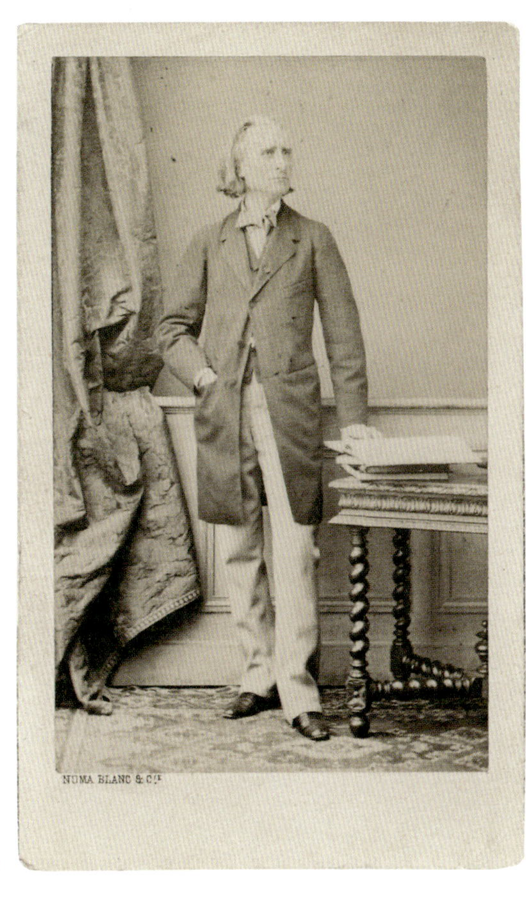

13

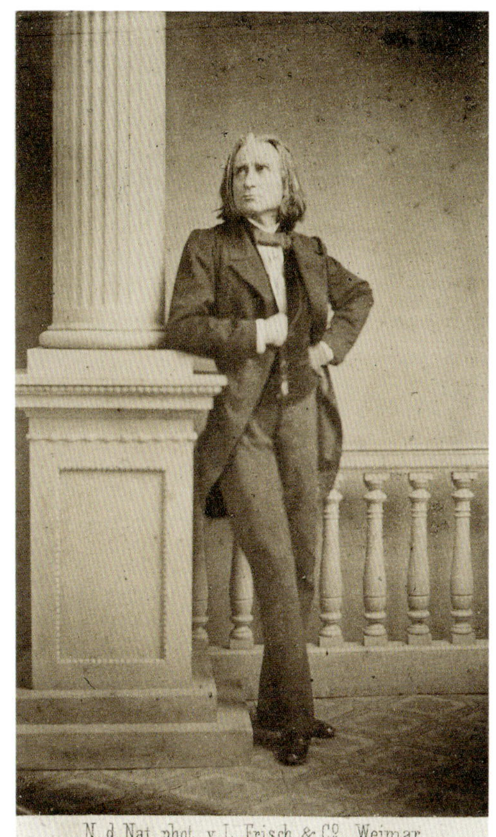

14

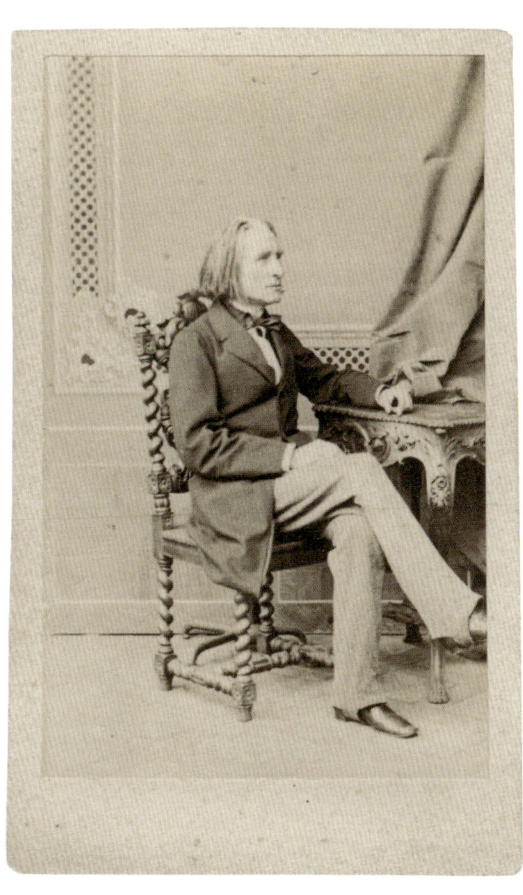
15

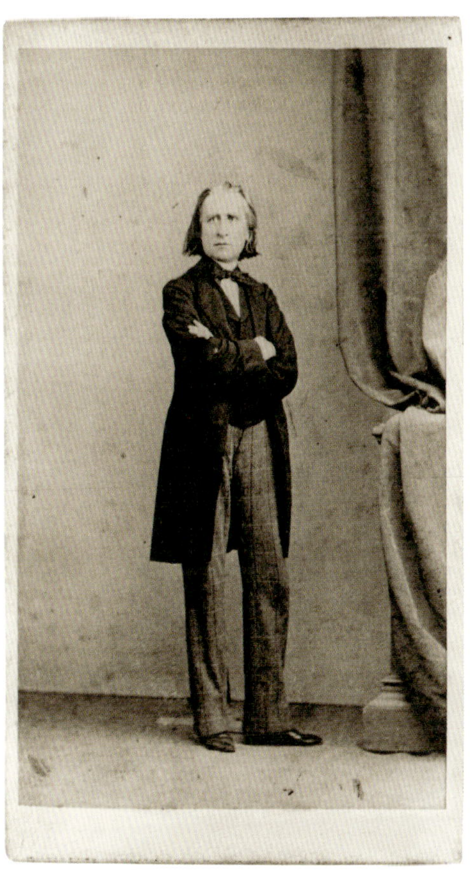
16

1863

In den ersten Monaten des Jahres 1863 arbeitet Liszt intensiv an seinem neuen Oratorium *Christus*. Auf Wunsch des Verlages Breitkopf & Härtel beginnt er auch mit Klavierübertragungen von Beethoven-Symphonien. Ständig von Besuchern gestört, zieht Liszt im Juni von der Via Felice in das einsam gelegene Kloster Madonna del Rosario auf dem Monte Mario. Dort bewohnt er einige Räume mit herrlichem Blick über ganz Rom. Am 11. Juli besucht ihn Papst Pius IX., dem er u. a. seine beiden eben entstandenen Legenden vorspielt. Fünf Tage später erteilt ihm der Papst im Vatikan eine Privataudienz und schenkt ihm eine wertvolle Madonnen-Kamee. Liszt macht die Bekanntschaft des Barons Felix von Meyendorff und seiner Gattin Olga, die Jahre später seine enge Freundin wird. In Rom werden 1863 sein *Cantico del Sol* und *Die Seligkeiten* uraufgeführt (am 25. März im Palazzo Altieri) und die Hymne *Slavimo slavno slaveni!* (am 3. Juli in der Kirche S. Girolamo degli Schiavoni).

Hauptwerke 1863 Oratorium *Christus* (beendet 1866), die beiden Klavierlegenden *Die Vogelpredigt des Heiligen Franziskus* und *Der Heilige Franziskus auf den Wogen schreitend*, Klavierpartituren von Beethovens 1., 2., 3., 4. und 8. Symphonie.

17, 18, 19

Achille Sanglau (»Photographie Américaine«), Rom, 1863.

Achille Sanglau, ein in der römischen Theaterszene geschätzter Portraitist, unterhielt im 1. Stock des Palazzo Lovatti an der Piazza del Popolo ein Atelier, das er am 1. Januar 1863 eröffnet hatte. Seine Photographien etikettierte er mit »Photographie Américaine«.

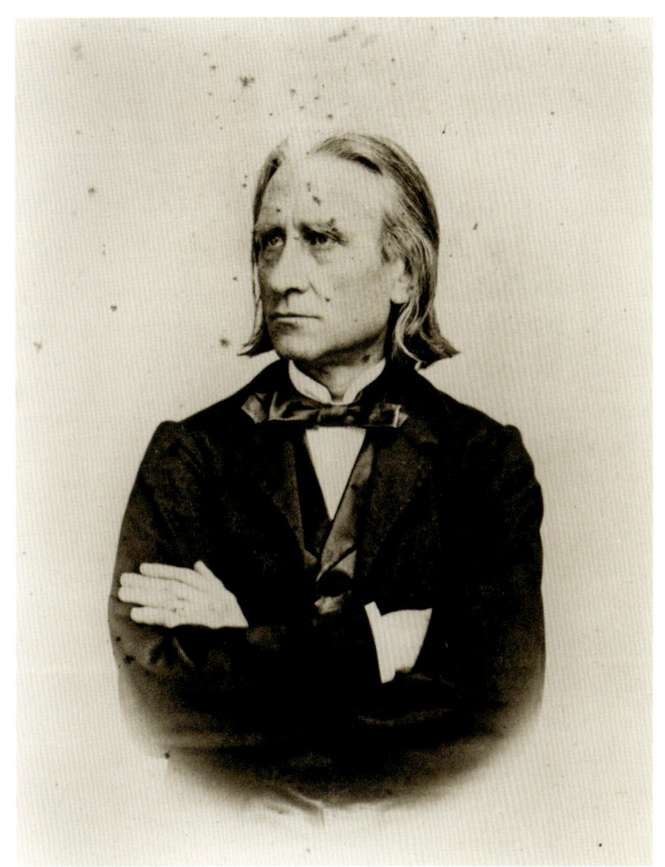
17

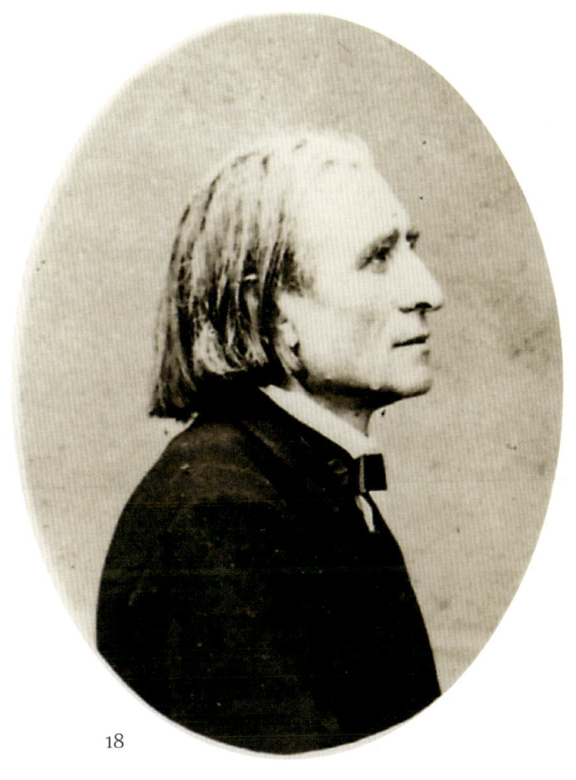
18

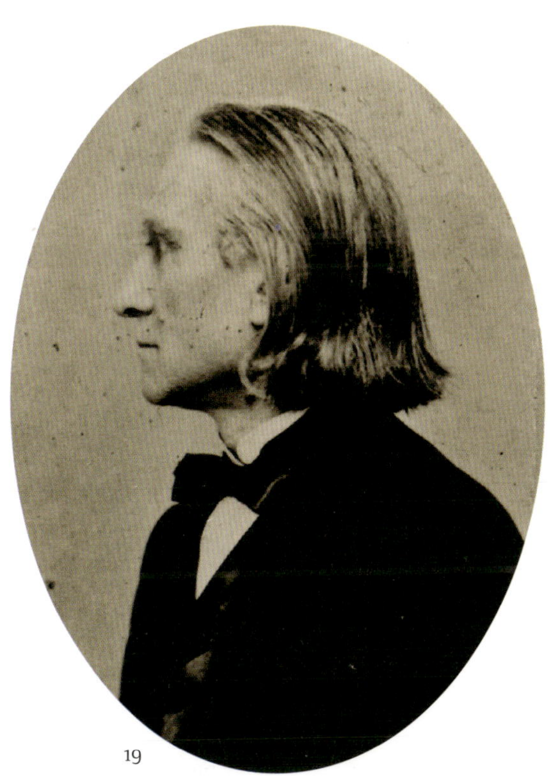
19

1864

In völliger Zurückgezogenheit arbeitet Liszt in Madonna del Rosario. Gelegentlich fährt er in die Stadt, um seine neuen Schüler zu unterrichten – unter ihnen der hochbegabte Giovanni Sgambati. Am 21. März spielt Liszt bei einem Wohltätigkeitskonzert im Castro Pretoriano in Anwesenheit des päpstlichen Hofes, des diplomatischen Korps sowie zahlreicher Römer und Ausländer u.a. seine Transkriptionen von Rossinis *Stabat Mater* und *Charité*. Der *Osservatore Romano* meldet die Einnahme von 4000 Scudi zugunsten der Schulen römischer Armer. Vom 18. bis zum 25. Juli ist Liszt Gast bei Hohenlohe in der Villa d'Este in Tivoli, am 30. und 31. Juli ist er bei Pius IX. in Castel Gandolfo eingeladen, anschließend nimmt er an der Tonkünstlerversammlung in Karlsruhe teil, besucht Cosima in München und Wagner am Starnberger See. Weitere Stationen sind Stuttgart, Weimar, Löwenberg, Berlin, Wilhelmsthal und – vom 4. bis zum 12. Oktober – Paris. Am 18. Oktober trifft er in Rom ein und begibt sich wieder nach Madonna del Rosario.

Hauptwerke 1864 *La Notte* (für Orchester), *Ora pro nobis. Litanei* (für Orgel), *Urbi et orbi. Benediction Papale* (für Klavier), *Vexilla regis prodeunt* (für Klavier), Klavierpartitur von Beethovens 9. Symphonie.

20, 21

Achille Sanglau (»Photographie Américaine«), Rom, 1864.

Neben Liszt: der ungarische Violinvirtuose Ede Reményi und dessen ständiger Klavierbegleiter Nándor Plotényi. (Sein Vorgänger als Reményis Klavierbegleiter war kein Geringerer als der junge Johannes Brahms.) Die beiden, die im Mai/Juni 1864 sechs Konzerte im römischen *Teatro Argentino* gaben, trugen stets ungarische Kleidung, und auf ihren Wunsch hin suchte Liszt in ihrer Begleitung Sanglaus Atelier auf, wobei er selbst einen ungarischen Schnürrock anzog.

22, 23

E. Glaeser, Paris, Oktober 1864.

Glaesers Photoatelier befand sich in Paris, Rue de Berlin N° 4.

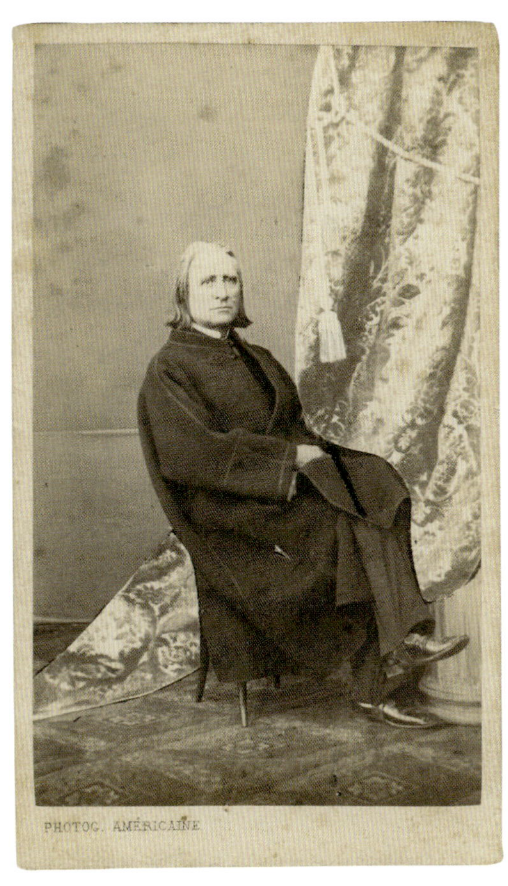

20

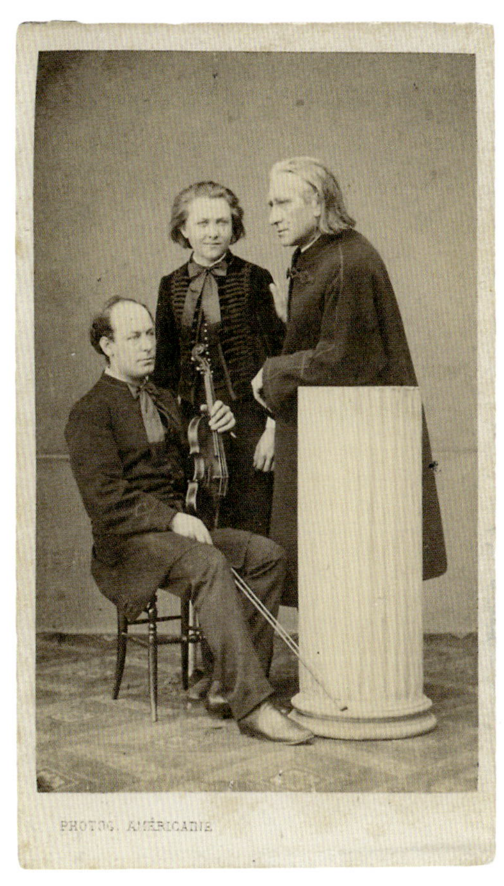

21

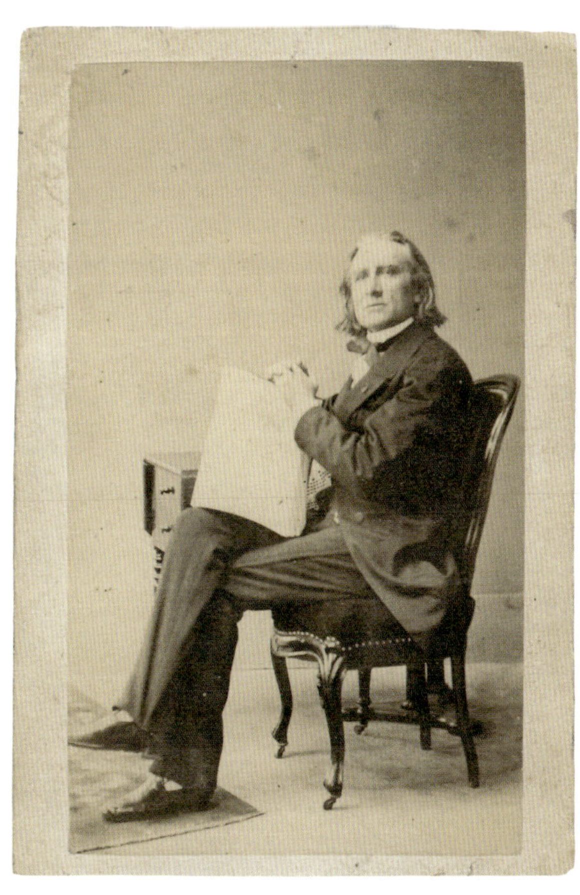
22

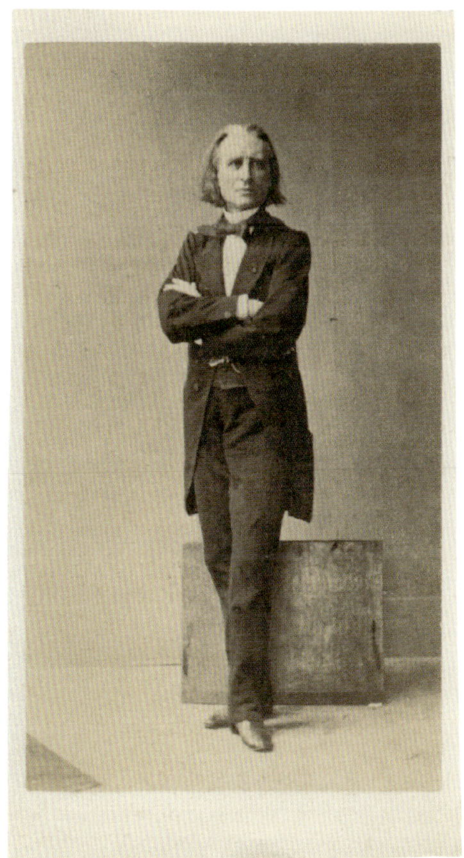
23

1865

Liszt spielt am 23. März bei einem Wohltätigkeitskonzert im Senatorenpalast auf dem Kapitol. Am 20. April spielt er im Palazzo Barberini Webers *Aufforderung zum Tanz* und seine *Erlkönig*-Übertragung. Tags darauf unterwirft er sich im Kloster der Lazaristen den Exerzitien, tritt am 25. April in den geistlichen Stand und empfängt die erste Weihe. Am 30. Juli erhält er drei weitere Weihen. Sein Eintritt in den geistlichen Stand war – damals wie heute – vielen ein Rätsel. Er selbst sagte hierzu: »In der Überzeugung, dass diese Tat mich auf dem guten Weg bekräftigen wird, habe ich ohne Zwang, in reiner Einfachheit und voller Aufrichtigkeit gehandelt. Dies entspricht auch den Wünschen meiner Jugend.« Liszt wurde nicht »Priester«, wie man immer wieder hört und liest. Er war Kleriker, aber kein Priester. Noch immer hätte er die Möglichkeit gehabt, zu heiraten oder in den weltlichen Stand zurückzukehren. Vom 8. August bis 12. September ist Liszt in Ungarn. In der neuen Pester Redoute dirigiert er am 15. August die Uraufführung seiner *Legende von der Heiligen Elisabeth*. Am 29. August spielt er, ebenfalls in der Redoute, als Uraufführung seine beiden Legenden. Wieder in Rom, arbeitet er am *Christus*-Oratorium und an der *Missa Choralis*.

24, 25
Charles Reutlinger, Paris, Oktober 1864.

Das photographische Familienunternehmen Reutlinger bestand von 1850 bis 1937. Charles Reutlinger (1816–1880) etablierte sein erstes Atelier am Boulevard Saint-Martin N° 33, ehe er sich 1853 am Boulevard Montmartre N° 21 (heute Rue de Richelieu N°112) niederließ. Er spezialisierte sich auf Portraitaufnahmen, die er vor allem im Carte-de-visite-Format (10,5 × 6,5 cm) in Umlauf brachte.

26, 27
Borsos és Doctor, Pest, August oder September 1865.

CH. REUTLINGER. PHOT.
Déposé
Garanti d'après nature
24

CH. REUTLINGER PHOT.
Déposé
Garanti d'après nature.
25

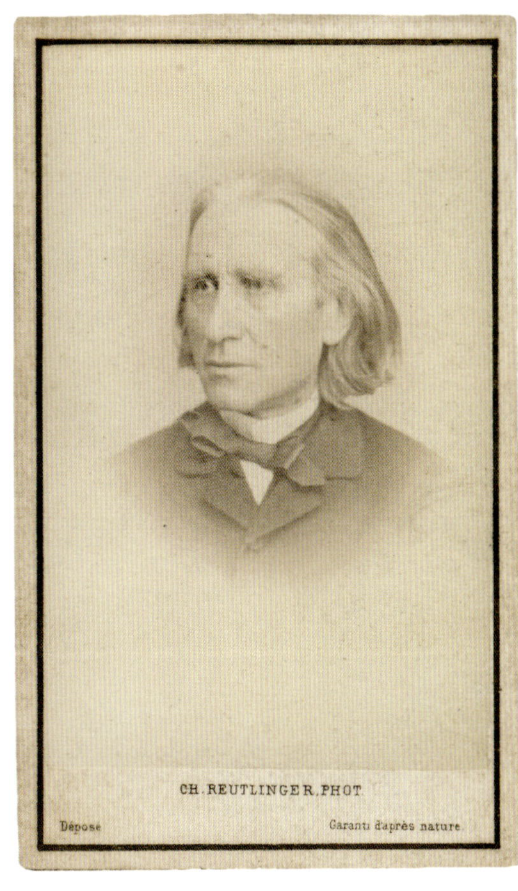

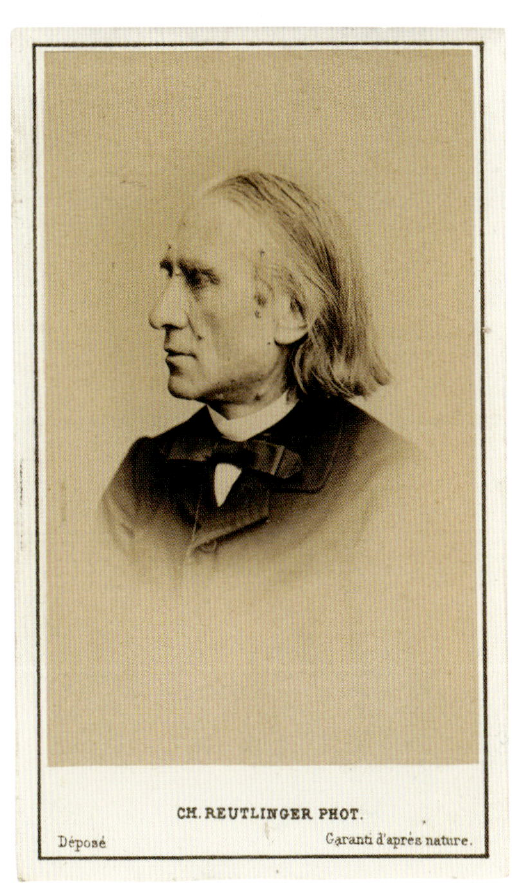

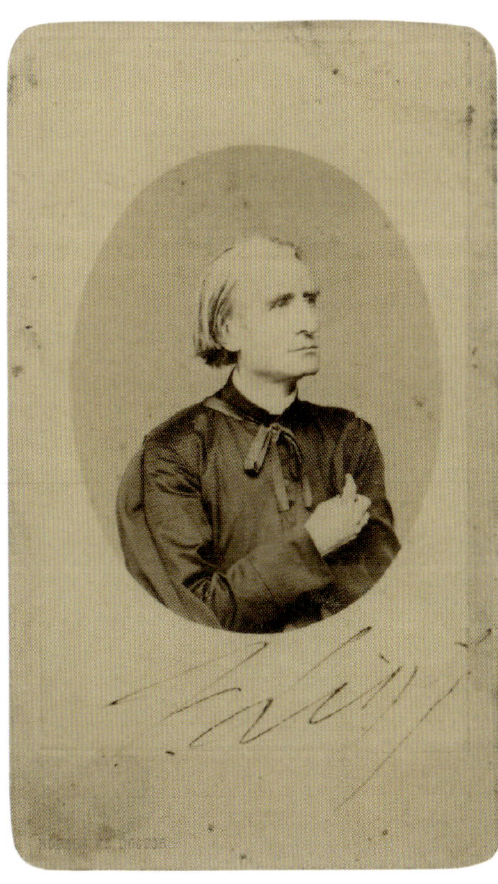

26

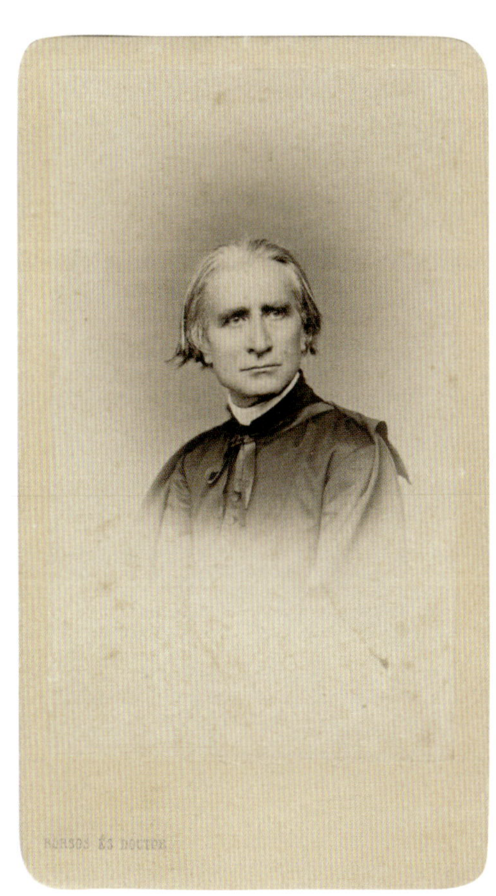

27

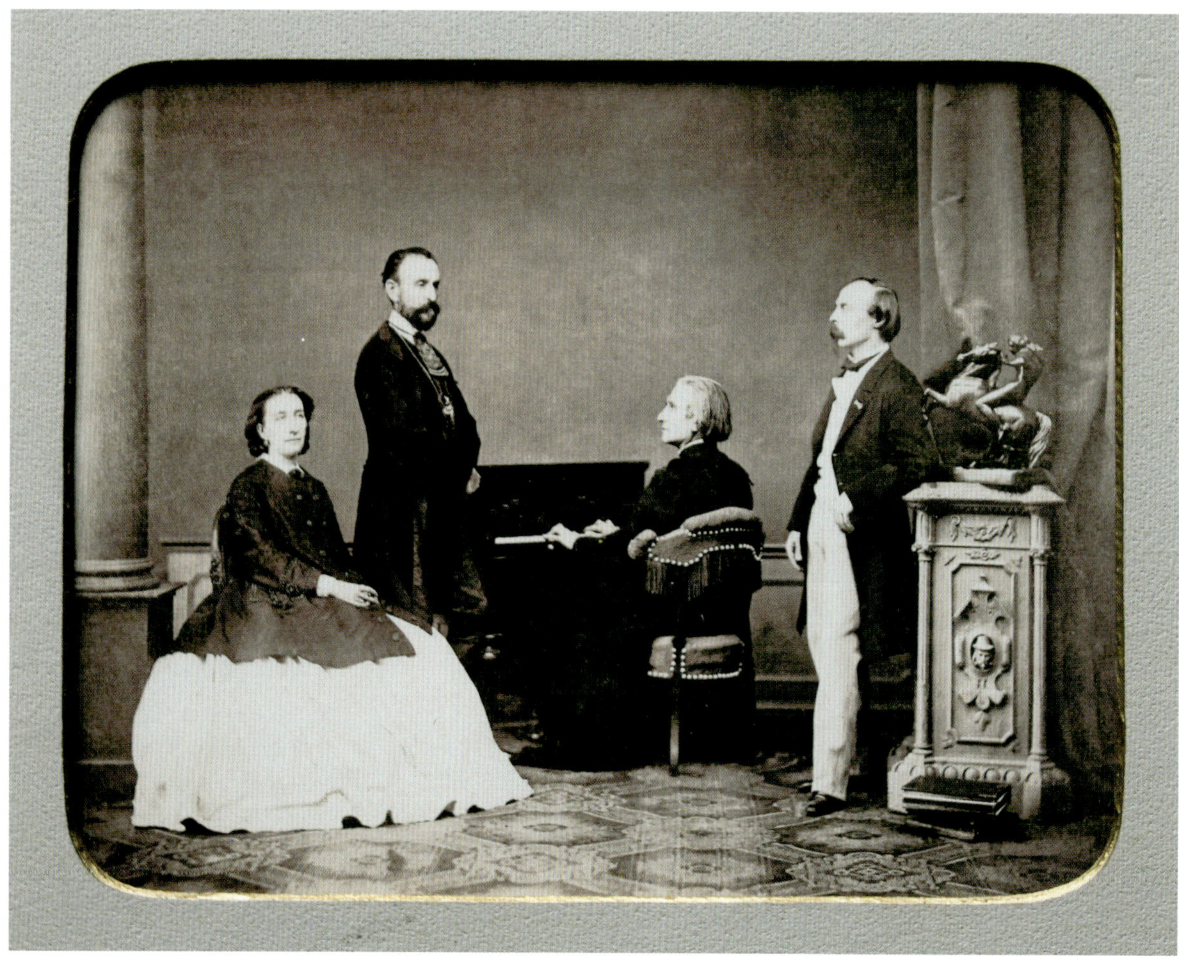

28

28
Borsos és Doctor, Pest, August oder September 1865.

Von links nach rechts: Liszts Tochter Cosima (die damals schon die Geliebte Richard Wagners war), Graf Leó Festetics, Liszt, Cosimas Gatte Hans von Bülow.

29, 30
Canzi és Heller, Pest, August 1865.

Das Atelier Canzi és Heller war von 1860 bis 1870 am Kristóf tér 4 etabliert.

Die in Pest entstanden Aufnahmen vom August/ September 1865 sind die ersten Photographien die Liszt im Abbé-Gewand zeigen. Von nun an trägt er nur noch diese Kleidung.

31, 32
Ignaz Schrecker, Pest, August oder September 1865.

Schreckers »Photographischer Salon« befand sich von 1862 bis 1890 in der Bálvány utca 3 (»Happel-sches Haus«), ein zweites Atelier führte er ab 1870 am Erzsébet tér 9.

CANZI ÉS HELLER

29

CANZI ÉS HELLER

30

SCHRECKER JGN.

31

SCHRECKER JGN.

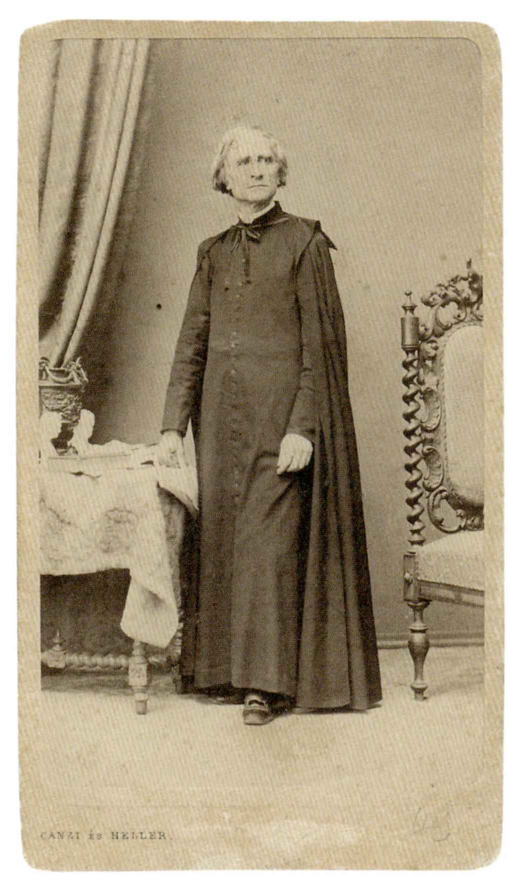

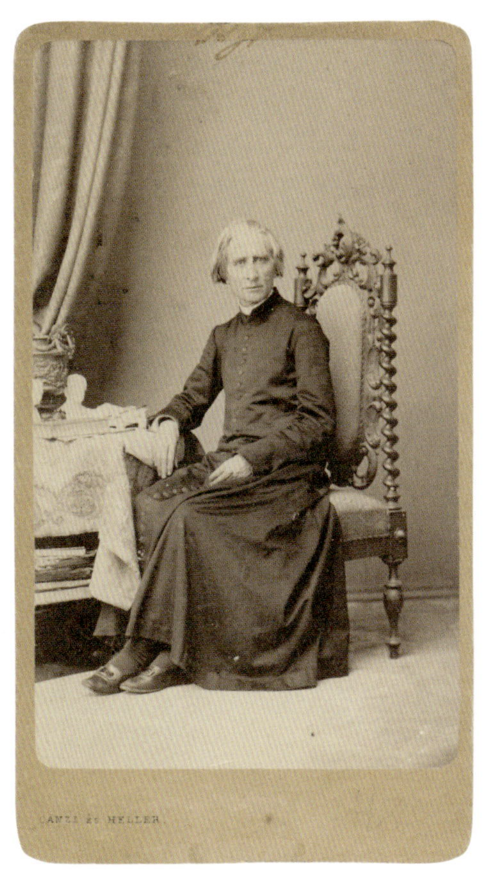

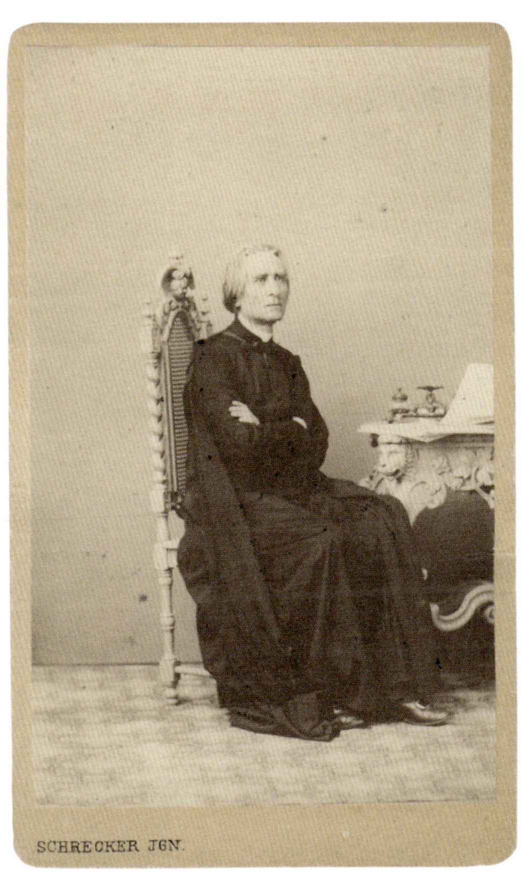

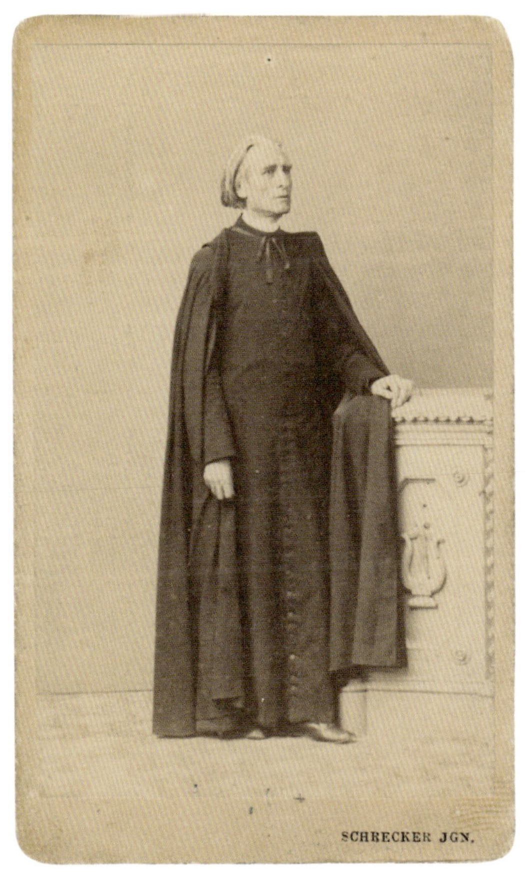

32

1866

Liszt Mutter stirbt am 6. Februar in Paris. Am 24. Februar findet die deutsche Erstaufführung der *Legende von der Heiligen Elisabeth* in München statt. Wegen des großen Erfolgs wird sie am 1. März und 10. Mai wiederholt. Ludwig II. ist begeistert und verleiht Liszt den Michaelsorden. In Rom dirigiert Sgambati zur Einweihung der Sala Dante an der Fontana di Trevi Liszts *Dante-Symphonie*. Vom 4. März bis zum 15. Mai hält sich Liszt in Paris auf. Er macht die Bekanntschaft von Camille Saint-Saëns, mit dem er oft vierhändig spielt. Er bricht endgültig mit Marie d'Agoult wegen der Neuauflage ihres Liszt verleumdenden Romans *Nelida*. Am 15. März wird Liszts *Graner Messe* in St. Eustache (Paris) aufgeführt, wegen mangelhafter Einstudierung ein großer Misserfolg. Vom 24. bis zum 30. April weilt Liszt in Amsterdam, wo *Les Préludes*, die *Graner Messe* und Schubert/Liszts *Wandererfantasie* mit Bülow als Solist gespielt werden. Am 22. Juni zieht Liszt, der seit Mai 1865 gegenüber Raffaels Loggien im Vatikan gewohnt hat, wieder nach Madonna del Rosario, ehe er sich Ende November im Kloster Santa Francesca Romana auf dem Forum Romanum niederlässt.
Hauptwerke 1866 *Ungarische Krönungsmesse*, *Christus*-Oratorium (beendet am 1. Oktober 1866).

33
Canzi és Heller, Pest, August 1865.

34, 35, 36 (S. 42)
Ferdinand Mulnier, Paris, März oder April 1866.

Ferdinand Mulnier, dessen Atelier sich am Boulevard des Italien N° 24 befand, war um 1865 einer der führenden Pariser Photographen. Liszt erwähnte in einem Brief vom 13. April 1866 seine »grande photographie de Munier [sic]«.

37 (S. 43)
Erwin (= Erwin Hanfstaengl), Paris, März 1866.

Erwin Hanfstaengl, ein jüngerer Bruder Franz Hanfstaengls, betrieb von 1854 an etwa zwölf Jahre lang zusammen mit Léon Crémière ein photographisches Atelier in der Rue Frochot N° 4. Auf dem Passepartout (originale Bildgröße des Photos 32 × 25 cm) von Liszts Hand: »F. Liszt Mars 66.« Liszt hinterlegte 1866 in Paris ein Exemplar dieser Aufnahme für Agnes Street-Klindworth.

38, 39 (S. 44, 45)
Pierre Petit, Paris, März oder April 1866.

Photographien von Pierre Petit (1832–1909) weisen sich durch einen Naturalismus in elaborierter, ausgewogener Bildsprache aus, der ihn von den übrigen großen Photographen seiner Zeit unterscheidet. Seiner Kunst sind die oftmals erstaunliche Gestik der Personen und der kalkulierte und effektvolle Einsatz von Kontrasten, Linienführung und kompositorischen Gegengewichten eigen.

Neben Nadar, Adam-Salomon und Carjat (ein Schüler Petits) war Pierre Petit der bedeutendste Pariser Portraitphotograph. Nachdem er seine ersten Ateliers an der Place Cadet aufgegeben hatte, ließ er sich in der Rue de La Fayette N° 122 nieder, wo er hauptsächlich im sogenannten nassen Kollodiumverfahren arbeitete. Mit der strukturlosen Schicht der nassen Glasplatten und der höheren Lichtempfindlichkeit der Kollodiumschicht, die auf die Glasplatten aufgetragen wurde, erzielte er bei seinen Portraits wesentlich bessere Ergebnisse als mit Papiernegativen. Seine Negative hatten gewöhnlich das Format 24 × 18 cm. Die hier gezeigten Liszt-Aufnahmen Pierre Petits sind etwa in Originalgröße abgebildet.

33

PHOT. FERD^D MULNIER, 25 Boulevart des Italiens

34

PHOT. FERD^D MULNIER, 25 Boulevart des Italiens

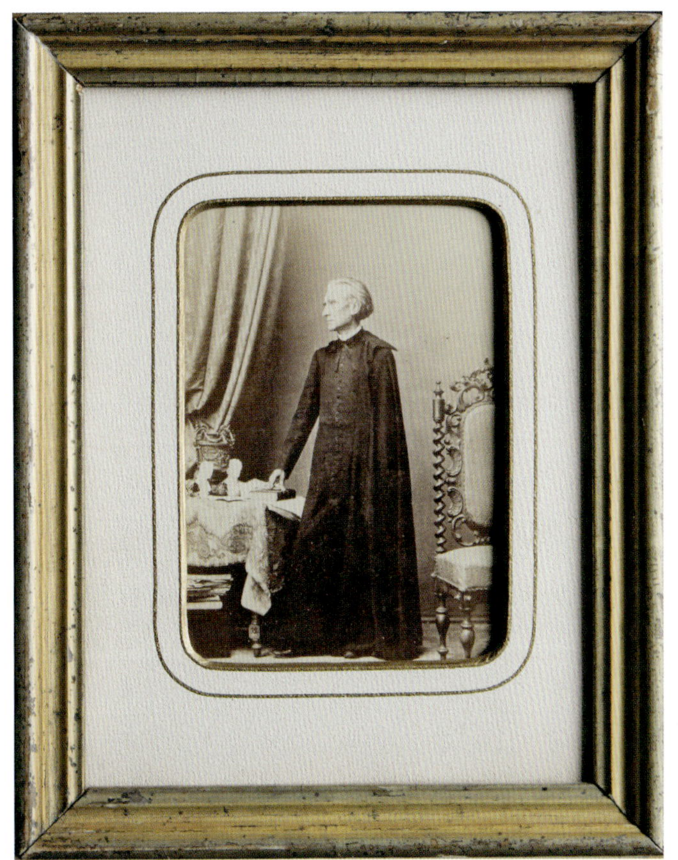

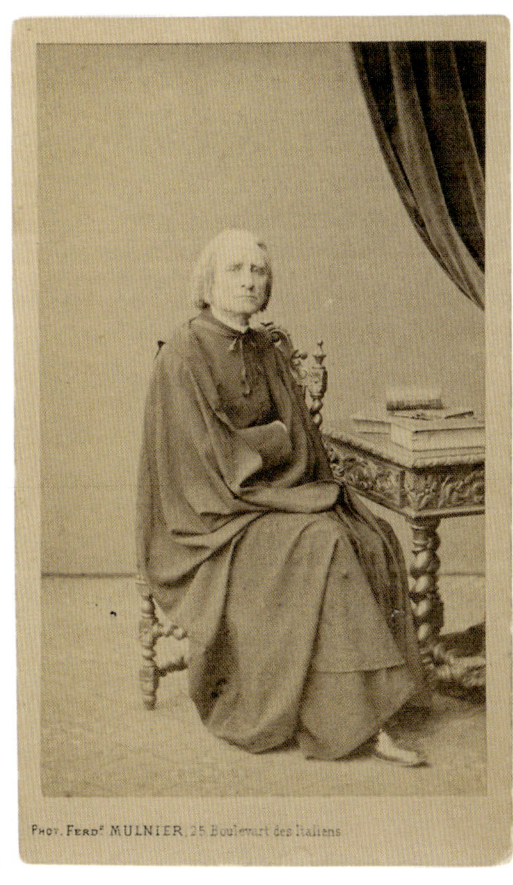

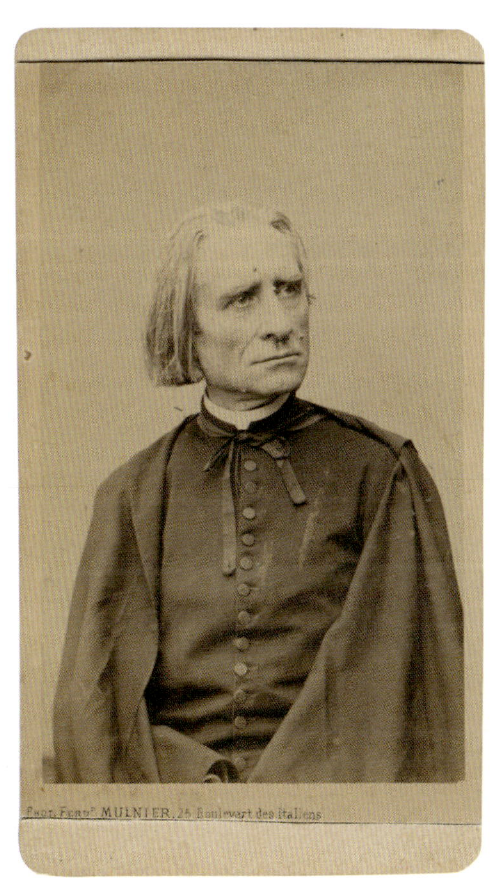

35

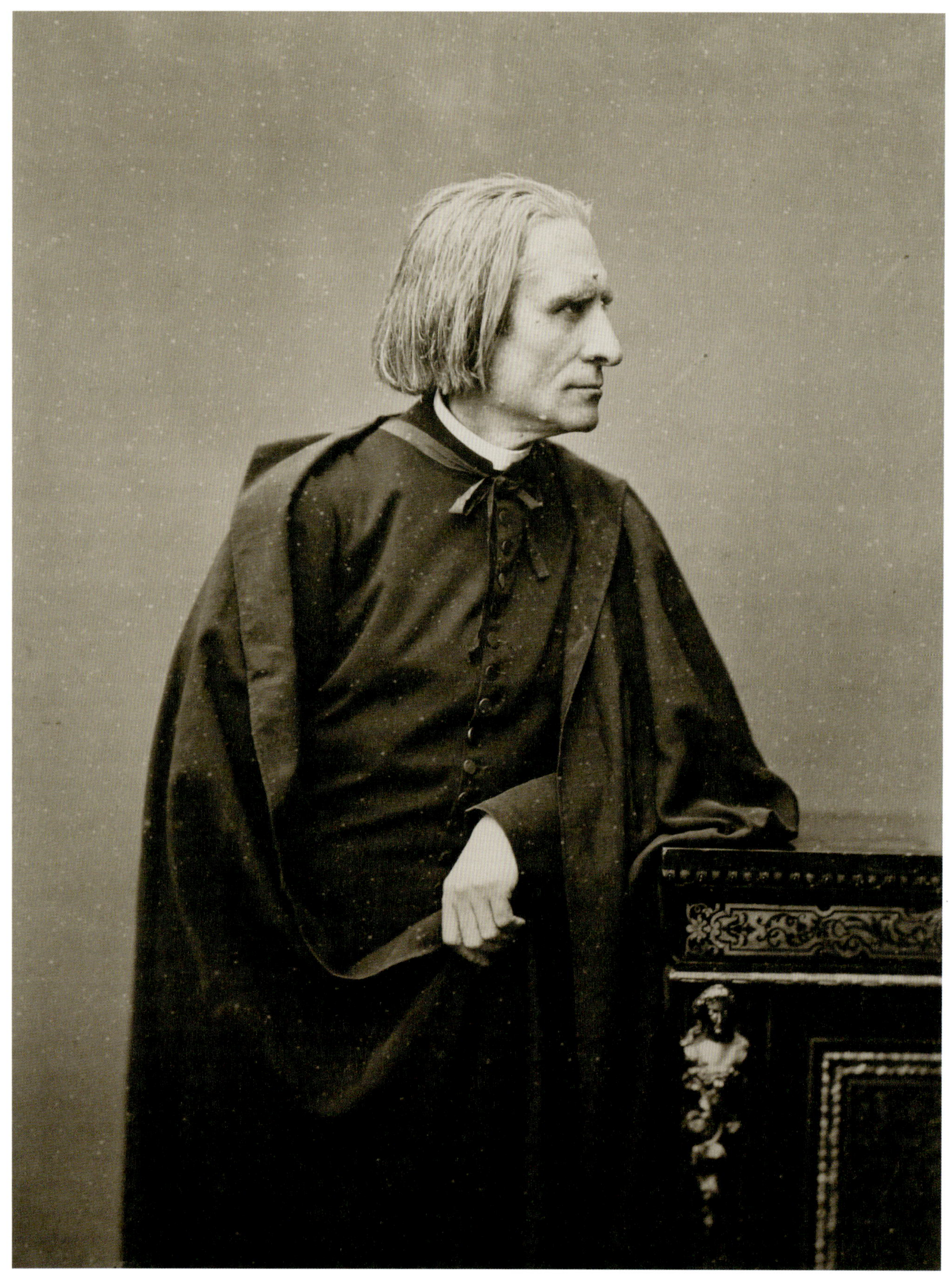

36

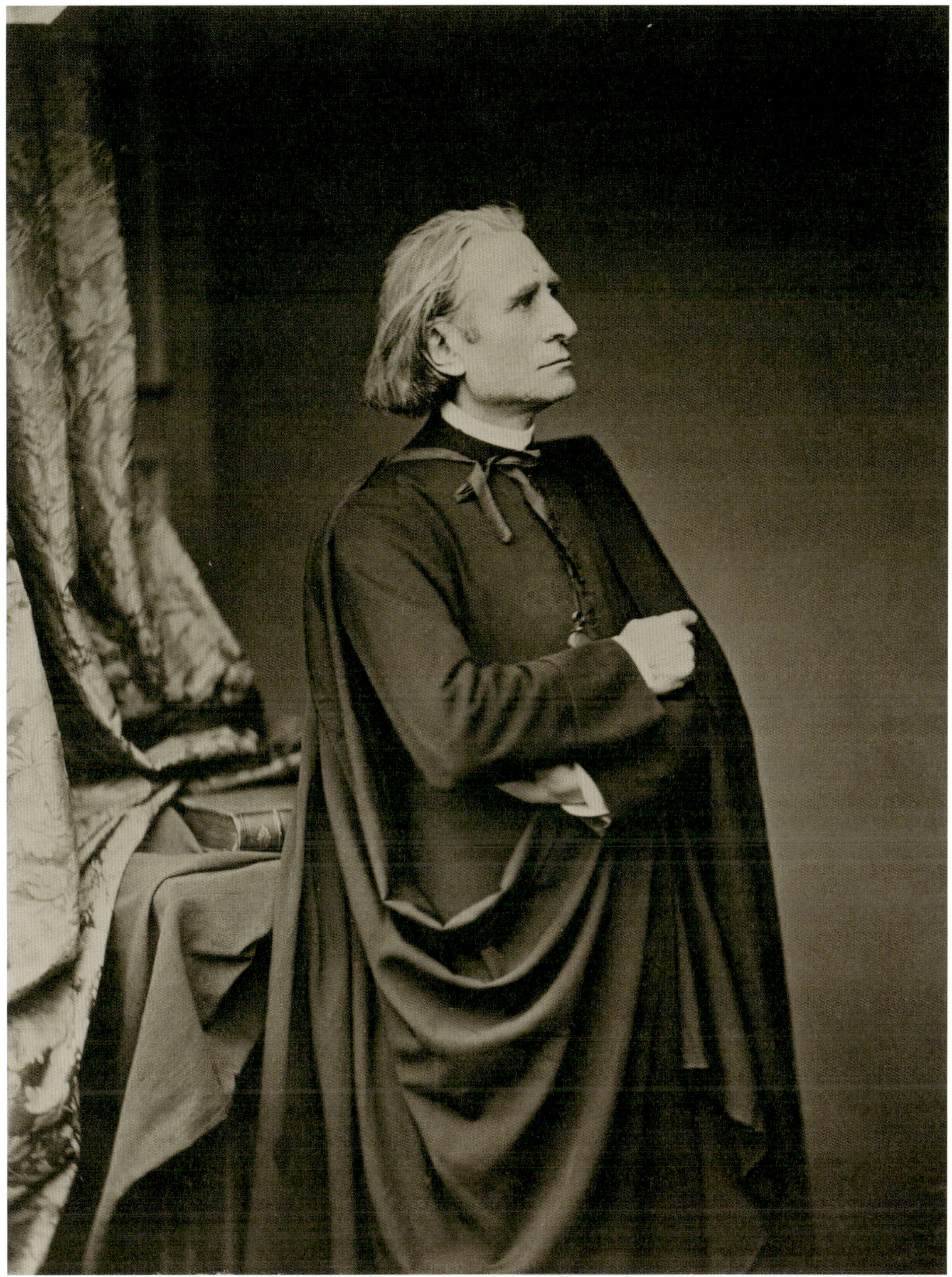

37

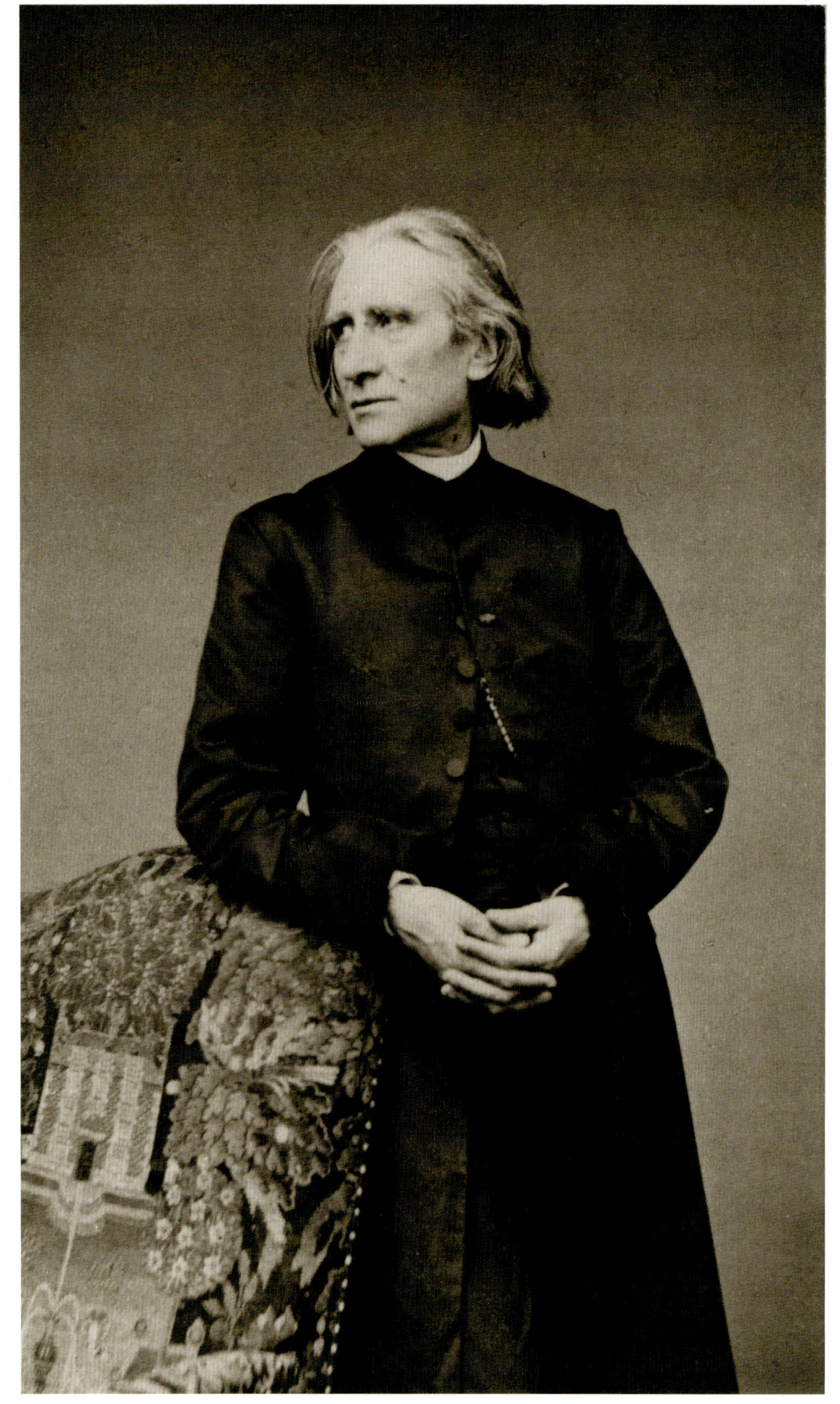

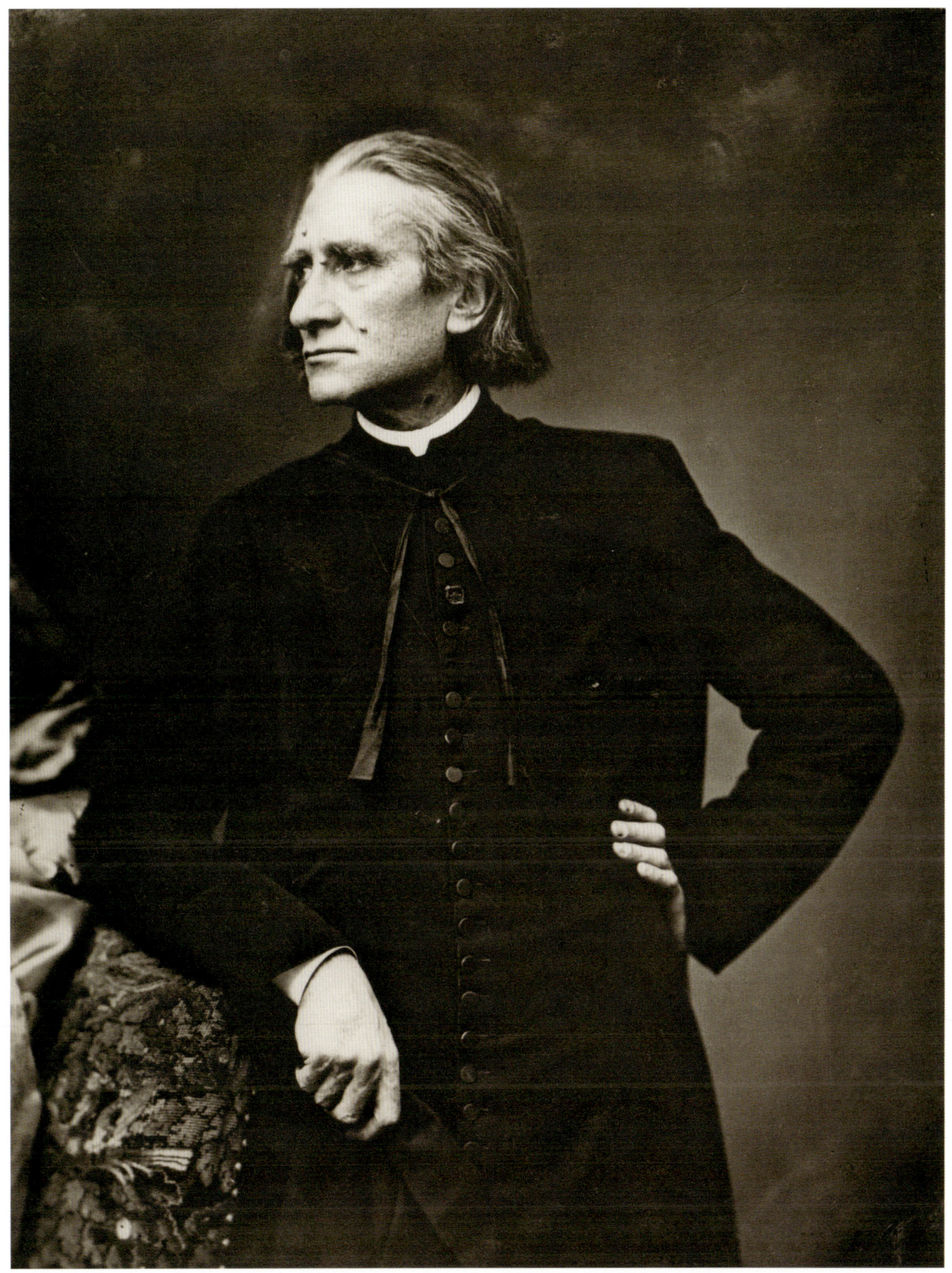

39

1867/1868

In Santa Francesca Romana arbeitet Liszt an seiner *Krönungsmesse*. Im März überträgt er seinem Onkel, Dr. Eduard Liszt, seinen erblichen Ritterstand; er selbst hat sich seines Adelstitels nie bedient. Am 14. April ist die *Krönungsmesse* ist beendet. Vom 4. bis zum 16. Juni ist Liszt in Pest. Am 8. Juni werden Kaiser Franz Joseph und Kaiserin Elisabeth (»Sisi«) in der Matthiaskirche als König und Königin von Ungarn gekrönt. Zu diesem Anlass wird Liszts *Krönungsmesse* aufgeführt. Von Rom aus reist Liszt Ende Juli nach Weimar, Eisenach und München (Aufenthalt vom 20. September bis zum 28. Oktober), schließlich nach Tribschen in der Schweiz, um sich mit Wagner wegen dessen Liaison mit Cosima auszusprechen. Am 2. November wieder in Rom, fertigt er eine Klavierübertragung von *Isoldes Liebestod* aus Wagners *Tristan* an.
Abgesehen von einem sechswöchigen Aufenthalt in Grottammare (11. Juli bis 30. August) verbringt Liszt das gesamte Jahr 1868 in Rom und Tivoli. In Grottammare schreibt er *Klaviertechnische Studien*, obwohl er dort kein Instrument zur Verfügung hat. Am 1. September ist er wieder in Rom und beginnt Webers Klavierwerke zu revidieren. Er geht für drei Wochen nach Tivoli und arbeitet u. a. an einem Requiem.

40, 41, 42, 43 (S. 48)
Joseph Albert, München, September oder Oktober 1867.

Rechts im Bild: der Geiger Ede Reményi, in der Mitte Nándor Plotényi (vgl. Abb. 21).

44 (S. 49)
Franz Hanfstaengl, München, Oktober 1867.

Cabinets-Portrait
J. ALBERT
königl. bayer. & kaiserl. russ. Hofphotographen
IN MÜNCHEN.
Briennerstrasse 38.

40

Albert, Phot.
München.

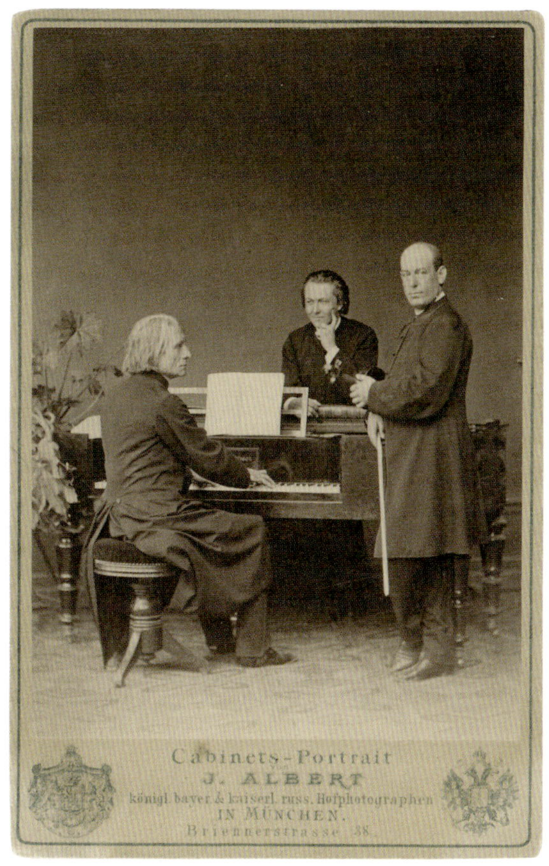

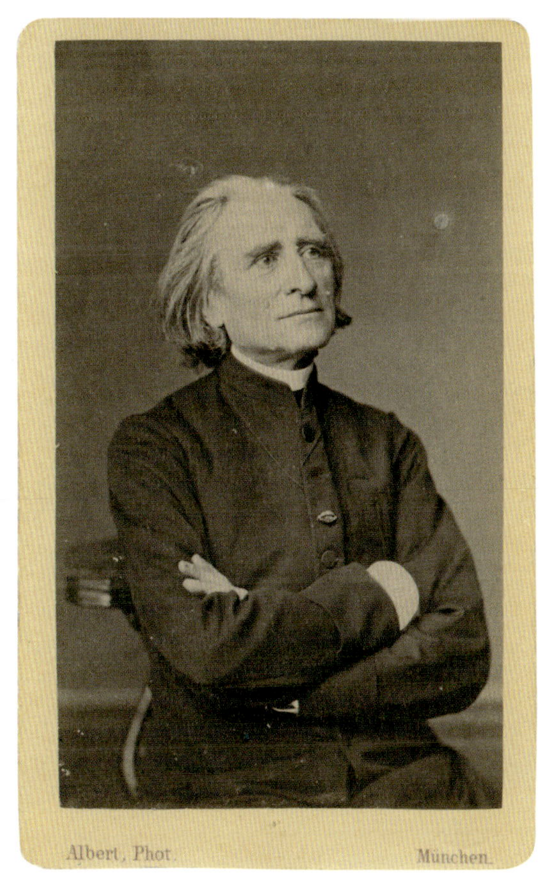

41

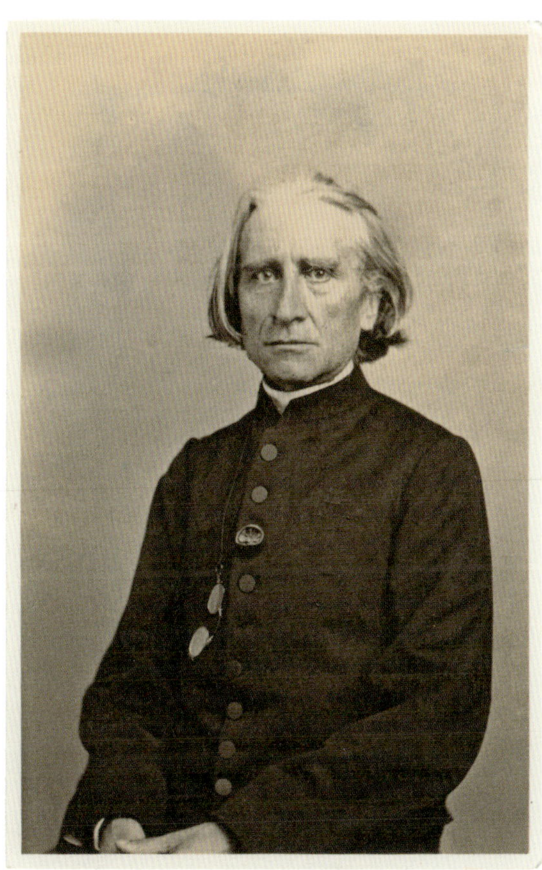

42

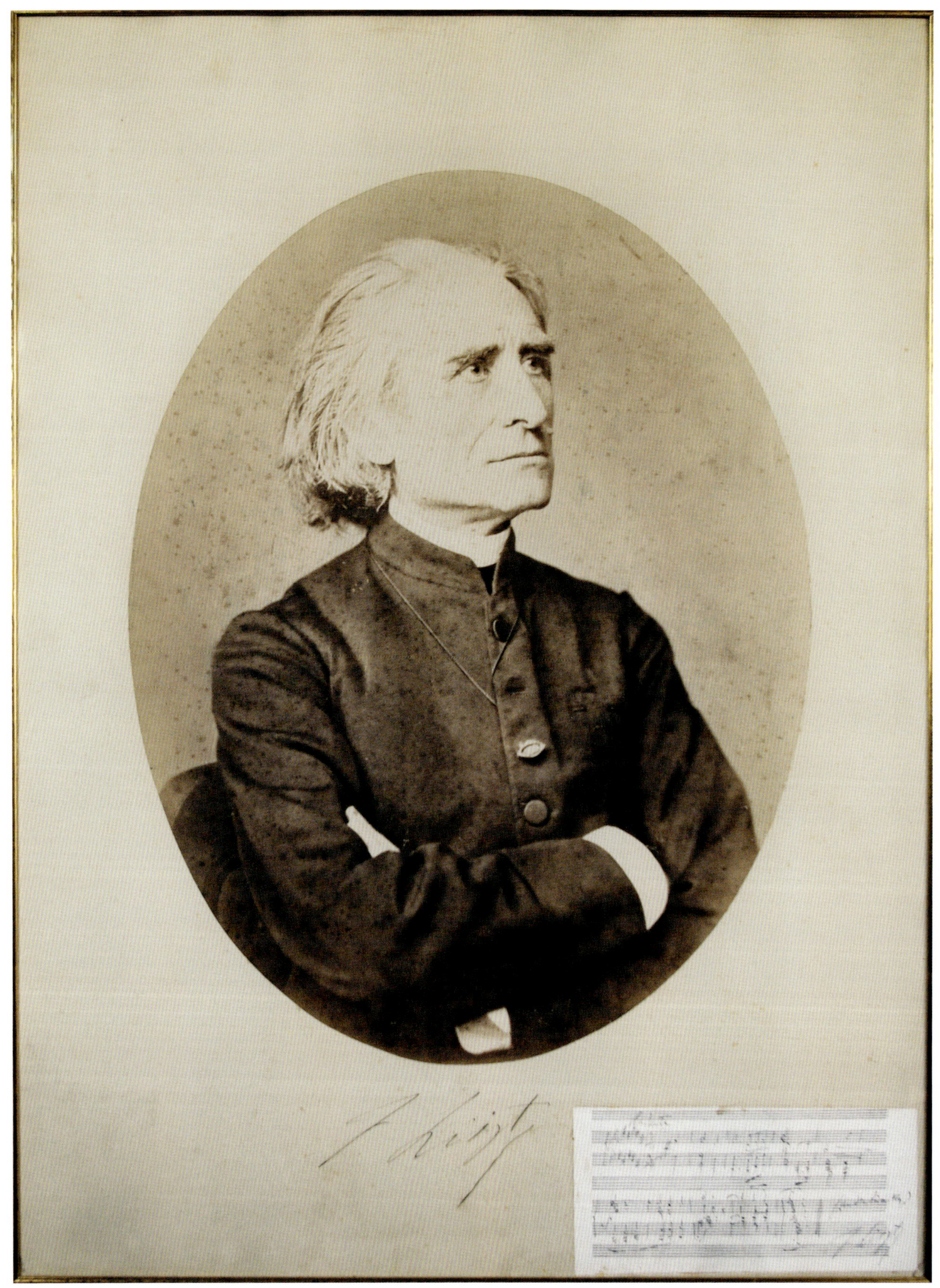

43

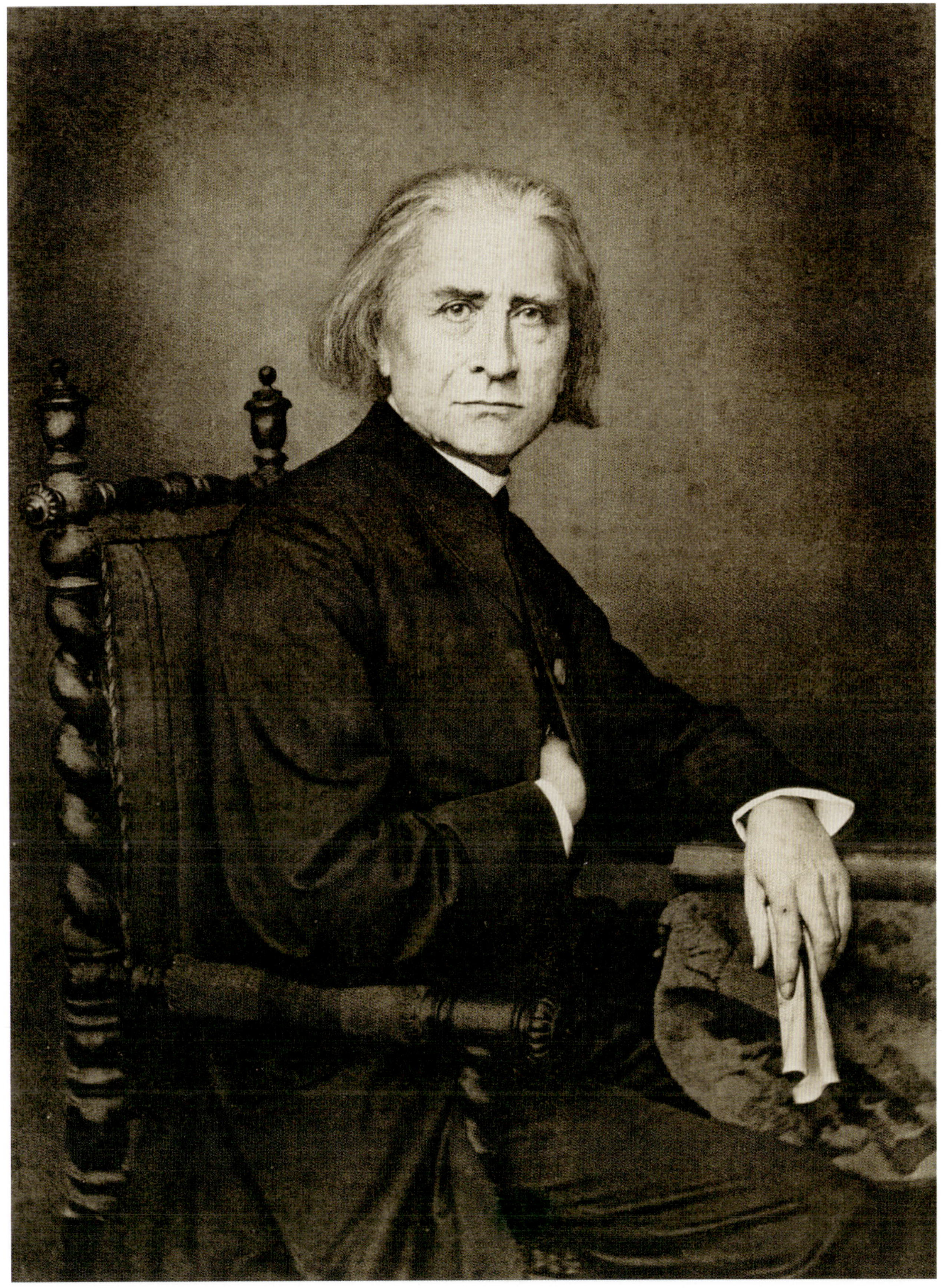

44

1869

Von Rom aus trifft Liszt am 12. Januar in Weimar ein, wo er auf inständiges Drängen des Großherzogs Carl Alexander künftig ein Drittel des Jahres verbringen wird. Er bezieht im ersten Stock der Hofgärtnerei eine Wohnung (heute ein kleines Liszt-Museum mit weitgehend originalem Mobiliar). Bis an sein Lebensende hält er sich nun abwechselnd in Rom (die Wintermonate meist in Tivoli), Weimar (Sommer) und Budapest (im Frühjahr oder Herbst) auf. »Triangel« nennt er diesen Turnus. Am 9. Mai 1869 kommt er wieder nach Rom und lebt bis zum 25. Oktober in Santa Francesca Romana. Hier taucht eine neue Schülerin, Olga Janina, auf, die sich unsterblich in ihn verliebt und ihm später viel Ärger bereitet. Vom 20. August bis Anfang September ist Liszt in München, wo er die Hauptprobe zu Wagners *Rheingold* hört. Fünf Monate, vom 25. Oktober bis zum 31. März 1870, lebt Liszt in Tivoli. An Carl Gille schreibt er im November: »Um den mir unausstehlich gewordenen Störungen der Wintersaison in Rom gründlich auszuweichen, bin ich hierher – Villa d'Este – emigrirt [sic] und verbleibe als Tiburtiner Einsiedler bis Anfang April.« 1869 komponiert Liszt hauptsächlich religiöse Werke, meist für Chor und Orgel, u. a. ein *Ave Maria*, ein *Pater noster*, ein *Tantum ergo* und *O salutaris hostia*.

45, 46, 47, 48, 49 (S. 52), 50 (S. 53)
Edgar Hanfstaengl, München August 1869.

Am 12. November 1868 hatte Edgar Hanfstaengl das Geschäft seines Vaters Franz Hanfstaengl übernommen, somit dürfte er es gewesen sein, der diese Aufnahmen anfertigte. Möglicherweise hat es sich sein Vater aber nicht nehmen lassen, den befreundeten Liszt noch einmal selbst abzulichten.

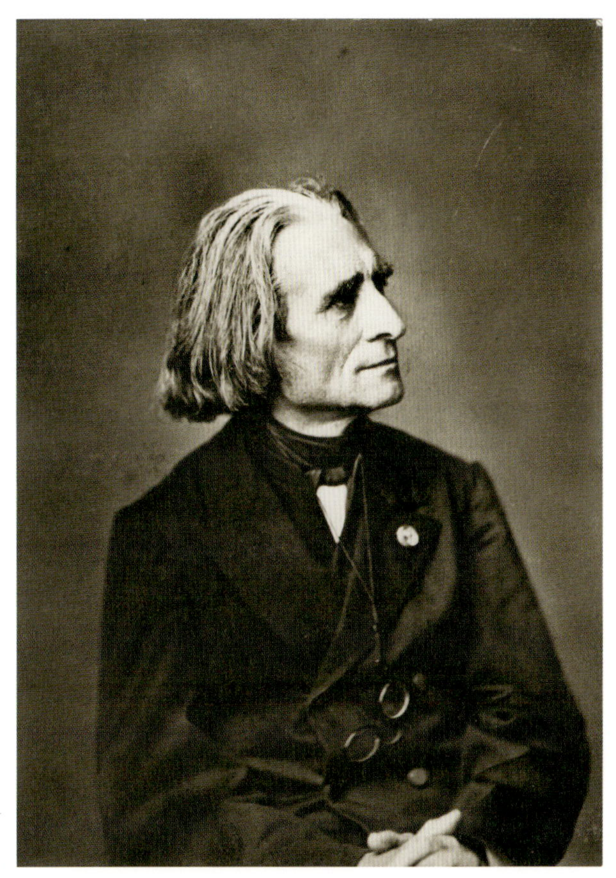
45

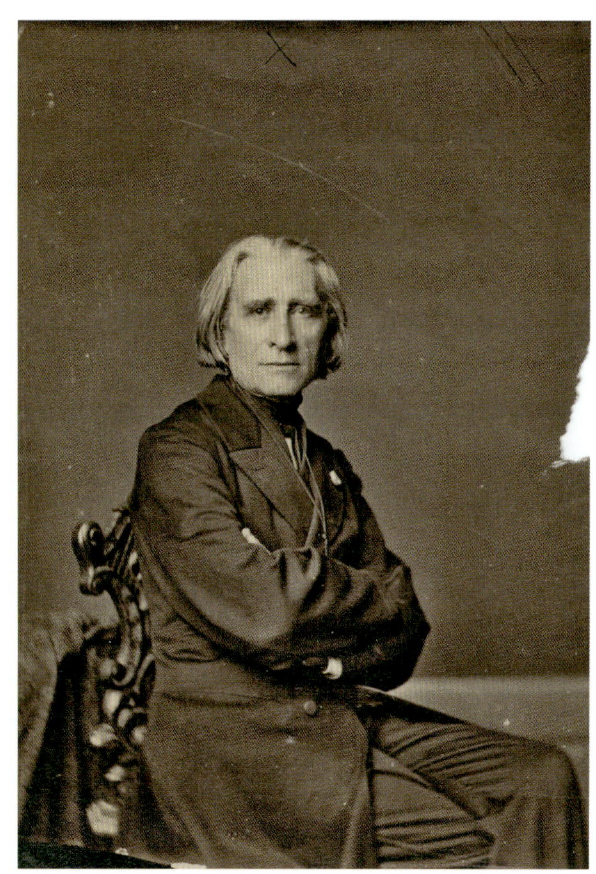
46

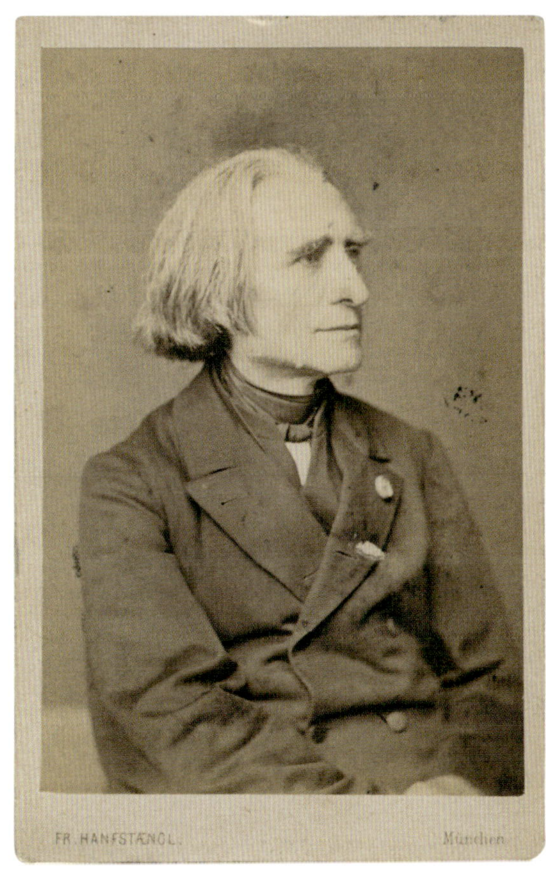

47

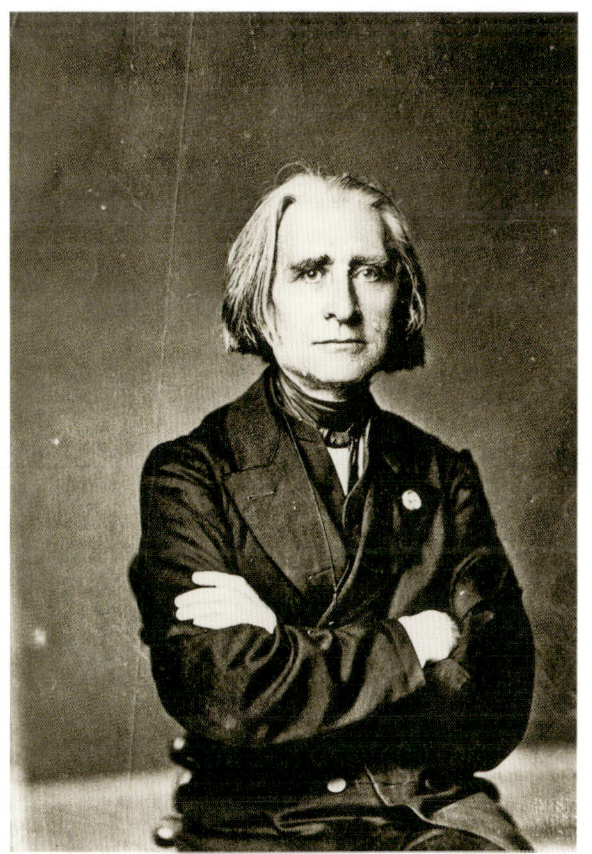
48

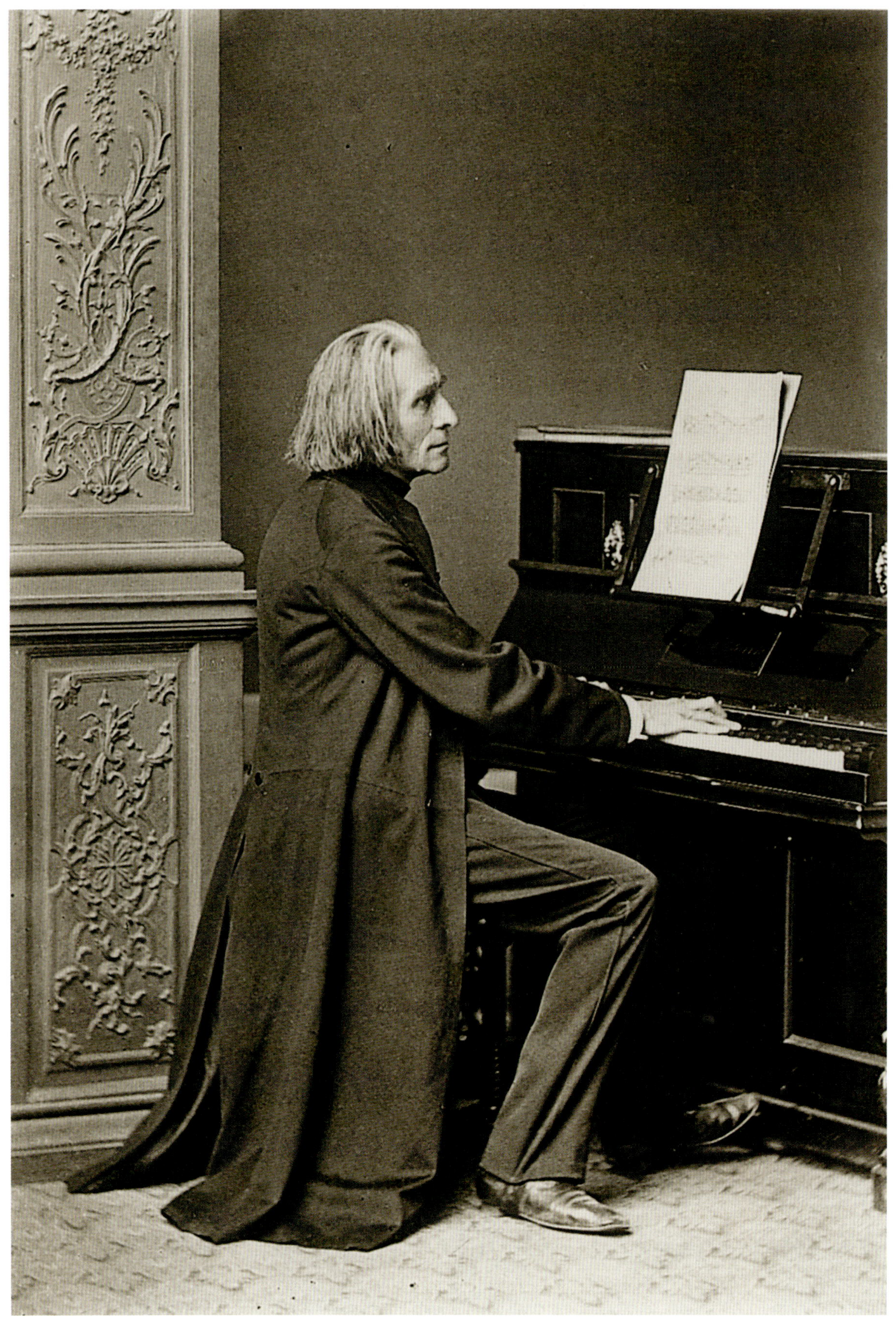

49

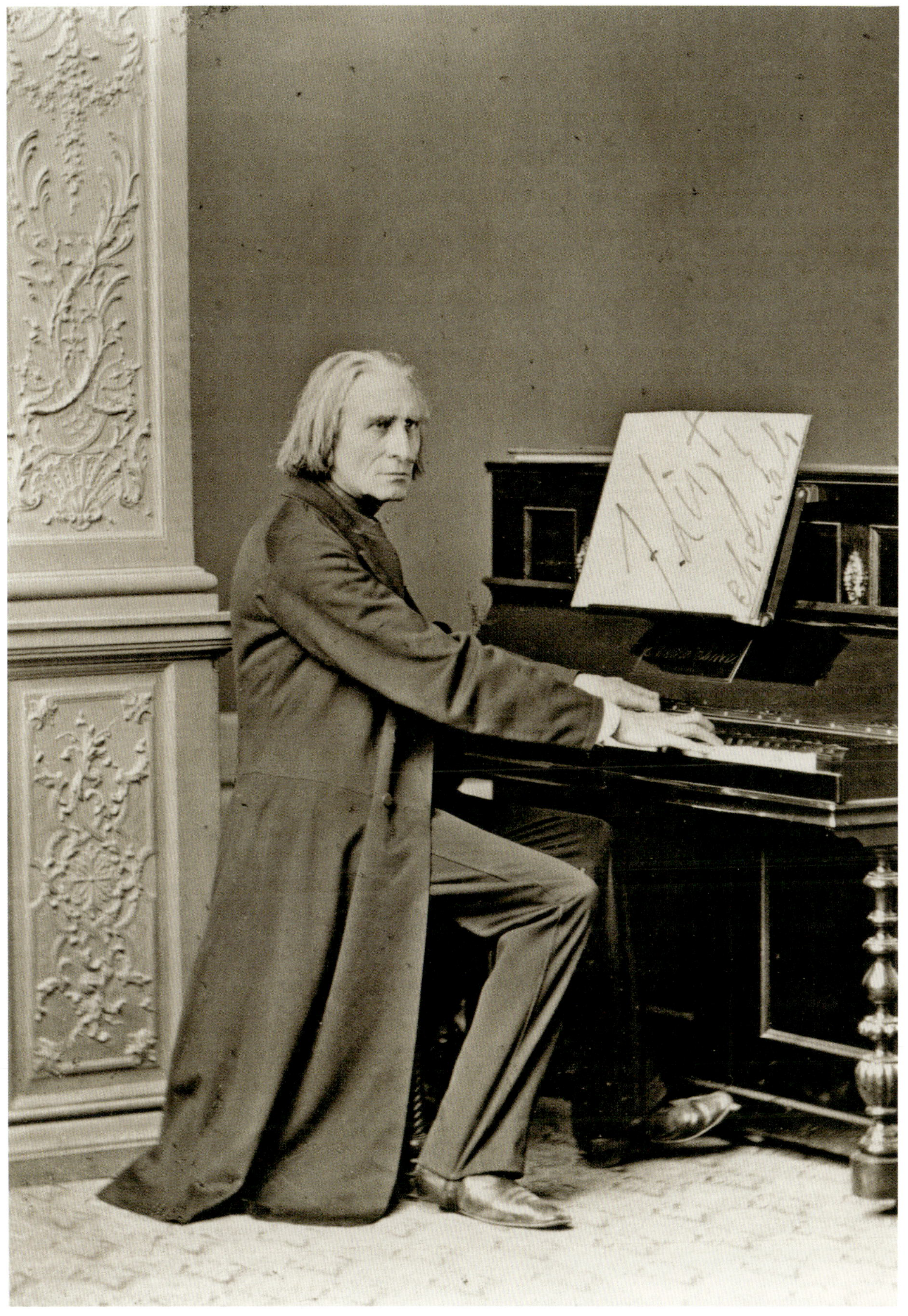

50

1870

Abgesehen von kurzen Rom-Besuchen hält sich Liszt von Januar bis Ende März in der Villa d'Este auf und komponiert dort seine *2. Beethoven-Kantate*. Vom 6. April bis zum 8. Juli ist er in Weimar und beginnt, Pianisten zu unterrichten. Im Mai führt Müller-Hartung Liszts *Beethoven-Kantate* in Weimar auf, Liszt selbst dirigiert Beethovens 9. Symphonie und dessen *Es-Dur-Konzert* mit Tausig als Solisten. Anfang Juni gibt er mit dem in Weimar anwesenden Saint-Saëns eine Matinée auf zwei Klavieren. Mitte bis Ende Juli ist Liszt in München und hört dort Wagners *Rheingold* und *Walküre*. Inzwischen hat Frankreich Preußen den Krieg erklärt und Liszt zieht es vor, sich außerhalb Deutschlands aufzuhalten. Er lebt vom 30. Juli bis Ende April 1871 in Ungarn und verbringt drei Monate (August bis Mitte November) in Szekszárd als Gast Baron Auguszs, anschließend wohnt er bis zum Jahresende im Pfarrhaus der Innerstädtischen Kirche als Gast des Abbé Schwendtner in Pest. Er komponiert hauptsächlich Werke ungarischer Prägung z. B. die Klavierstücke *Ungarischer Geschwindmarsch*, *Mosonyis Grabgeleit* sowie die Klavierübertragung von *Szózat* und *Ungarischer Hymnus*.

51
Giuseppe Della Valle, Rom, um 1870, in einer Reproduktion von Lonie Held.

Das Atelier Della Valle befand sich in der Via della Croce 67 in unmittelbarer Nähe der Piazza di Spagna und der Via del Babuino.

52
Hermann Mathaus, München 1869.

Neben den großen Namen Hanfstaengl, Löcherer und Albert war Mathaus unter den weniger bedeutenden Münchner Photographen einer der bekanntesten. 1862 eröffnete er in der Schwanthalerstraße 4 ein Atelier und zog nach zwei Jahren in den zweiten Stock der Schanthaler Straße 10 a; dort photographierte er auch Franz Liszt, 1878 gab er das photographische Gewerbe auf.

Es ist nicht auszuschließen, dass diese Aufnahmen bereits bei Liszts München-Besuch 1867 entstanden.

53
F. E. Lucke, Weimar, um 1869.

Friedrich Lucke blieb nur kurze Zeit in Weimar, zwischen 1869 und 1871 betrieb er dort ein Photoatelier in der Schillerstraße.

Weimar
Marienstrasse I.
Louis Held
Hofphotograph.
Weimar
am Wielandsplatz.
51

H. MATHAUS
MÜNCHEN.
52

F. Liszt
EIGENTHUM u. VERLAG v. T. F. A. KÜHN in WEIMAR.
53

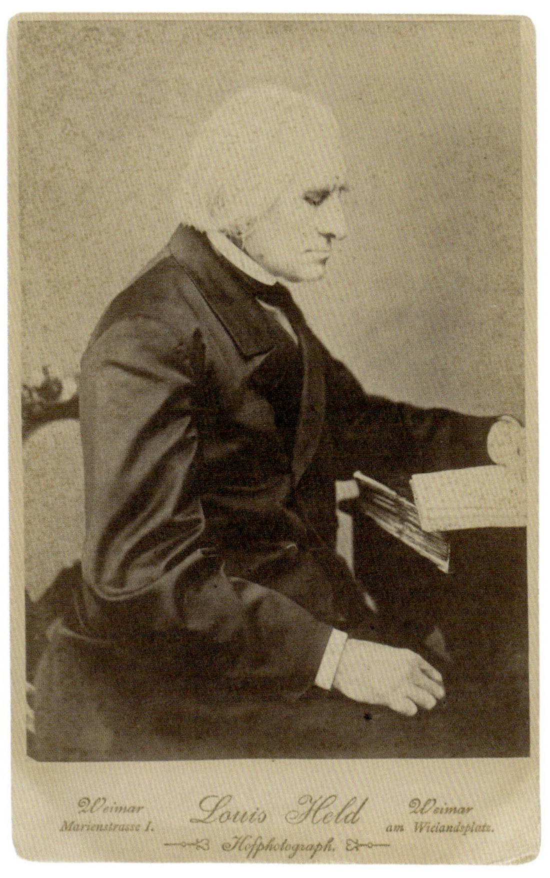

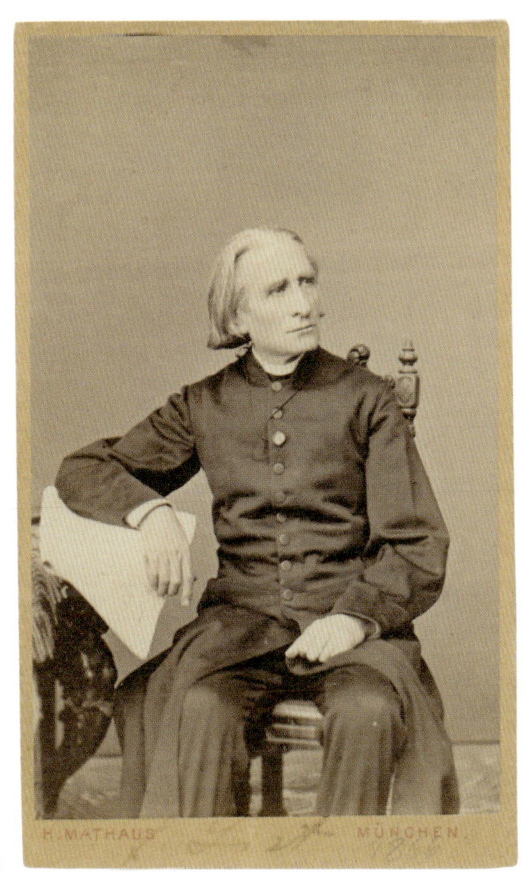

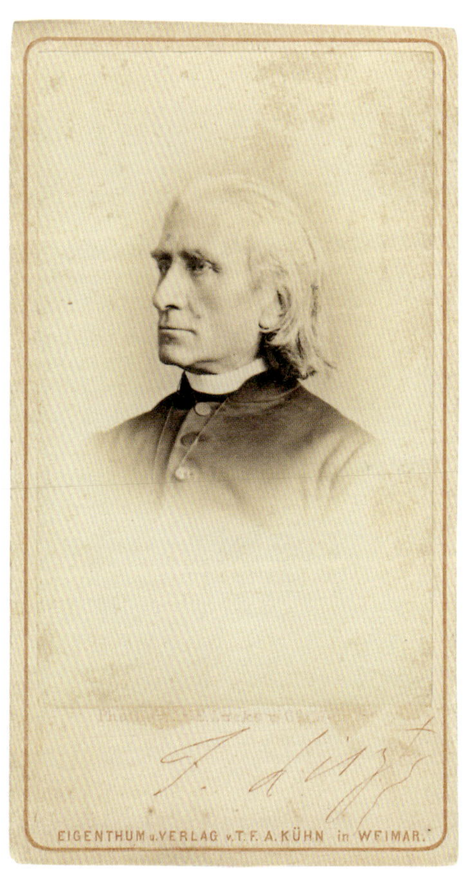

1871/1872

Während seines viermonatigen Aufenthalts (Januar bis 22. April 1871) in Pest besucht Liszt Aufführungen seiner Werke und gibt auch selbst einige Wohltätigkeitskonzerte. Seine Verehrerin Olga Janina verfolgt ihn auf Schritt und Tritt. Vom 3. Mai bis Ende August ist er in Weimar. Am 17. Juli stirbt Tausig, den Liszt einmal seinen »besten Schüler« nannte, im Alter von 30 Jahren an Typhus. Den September und Oktober verbringt Liszt in Rom und den Rest des Jahres wieder in Pest. Er fertigt eine Orgelfassung von *Präludium und Fuge über den Namen B-A-C-H* an, zudem *Ave verum corpus* und *Libera me* für Chor und Orgel. Vom 1. bis zum 8. Januar 1872 hält sich Liszt in Wien auf und besucht die Konzerte Bülows und Rubinsteins, anschließend ist er bis zum 1. April in Budapest, wo er in Anwesenheit des Hofes in der Redoute Beethovens »Mondscheinsonate« und Werke Chopins spielt. Vom 7. April bis zum 5. Oktober lebt er in Weimar, wo er Anfang September nach fünf Jahren zum ersten Mal Wagner wiedersieht. Mitte Oktober besucht er Graf Széchényi auf Schloss Horpács und auch seinen Geburtsort Raiding. Im Jahr 1872 komponiert Liszt zahlreiche Lieder und fertigt u. a. Übertragungen von Liedern Robert und Clara Schumanns an.

54, 55, 56
Fritz Luckhardt, Wien, 1871.

Fritz Luckhardt (1843–1894) war um 1870 in Wien neben Ludwig Angerer der bedeutendste Portraitphotograph. Bekannt sind vor allem seine zahlreichen Aufnahmen der in Wien ansässigen oder dort auftretenden Künstler. Liszt schätzte eine seiner Luckhardt-Photographien (vermutlich Abb. 54) sehr. Er schreibt am 2. Januar 1880 an seinen Schüler und Sekretär Alexander Gottschalg: »[…] sonst gehört die sogenannte Jubiläumsphotographie (Pest) zu meinen besten, ebenso die von Luckhard [sic] (Wien), welche mir noch angenehmer und ruhiger erscheint«. Luckhardt selbst schildert er den »allgemeinen Erfolg Ihres Portraits […] Dasselbe gilt nunmehr als ein photographisches Meisterstück, jedermann lobt und verlangt es«. Auch in Briefen an Marie von Sayn-Wittgenstein vom 20. Januar 1873 sowie vom 28. Januar 1873 an seinen Onkel Eduard von Liszt erwähnt er das »vorzügliche Luckhardt'sche Portrait«.

54

FRITZ LUCKHARDT

55

FRITZ LUCKHARDT
K.K. HOFPHOTOGRAPH
LEOPOLDST. TABORSTR. 18
IM HÔTEL NATIONAL
WIEN.
WIEN.

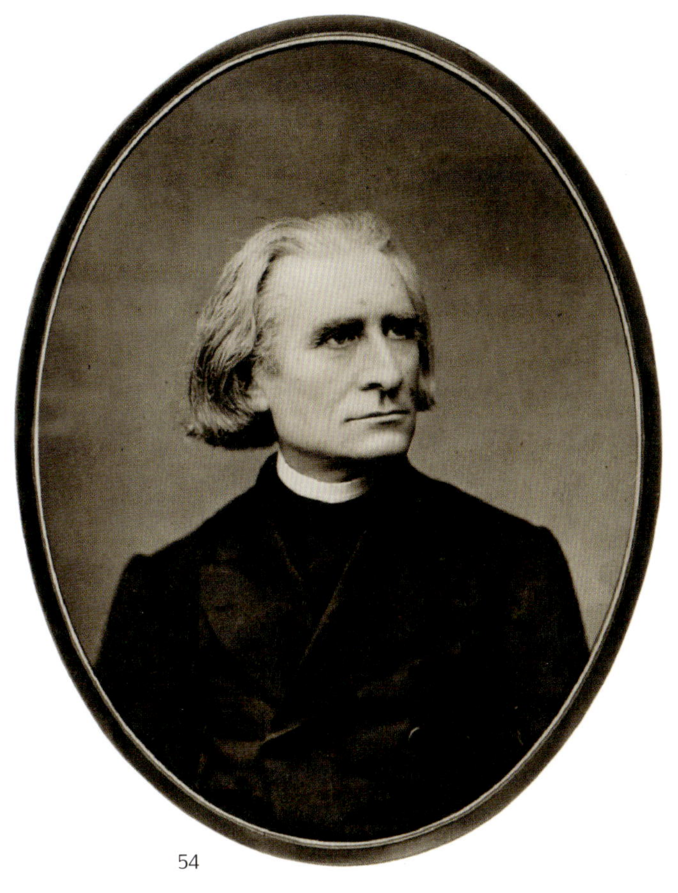

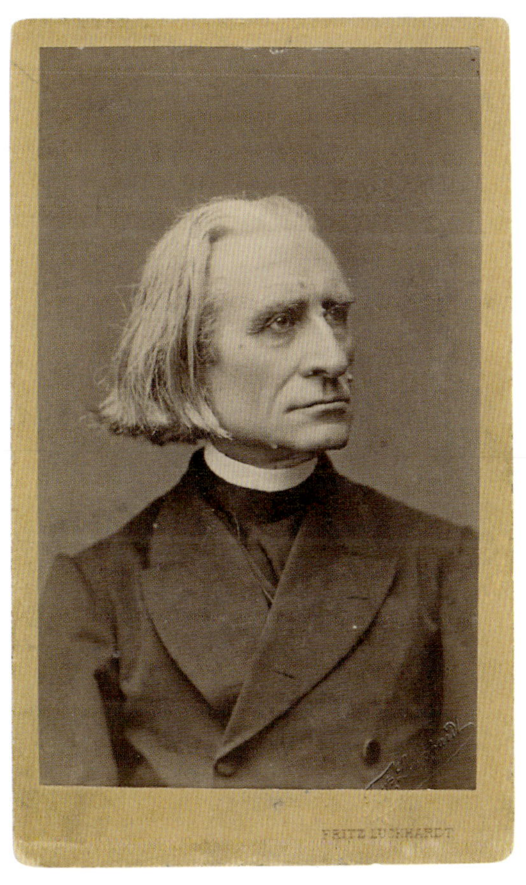

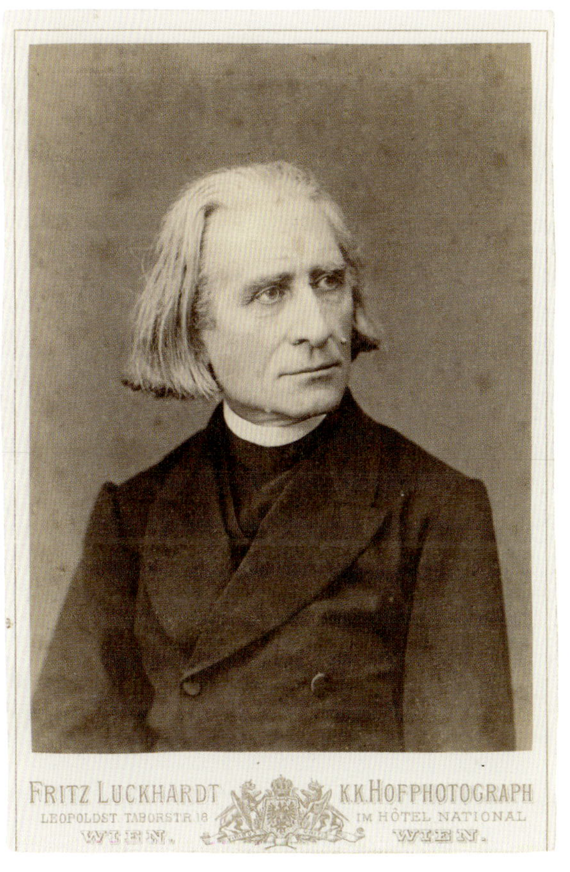

56

1873

Die ersten drei Monate des Jahres verbringt Liszt in Budapest. Am 12. Januar, am 2., 21. und 31. März spielt er für wohltätige Zwecke im Hungaria-Hotel bzw. in der Redoute. Es folgt seine alljährliche Unterrichtstätigkeit in Weimar (17. April bis Ende September), dazwischen hält sich Liszt zehn Tage in Bayreuth auf und nimmt am Richtfest des Festspielhauses (2. August) teil. Am 7. September spielt er in einem Weimarer Hofkonzert zwei seiner Werke für Klavier und Orchester: *Polonaise brillante* von Weber und *Fantasie über ungarische Volksweisen*. Am folgenden Tag dirigiert er Beethovens *9. Symphonie*. Vom 4. Oktober an verbringt er drei Wochen in Rom in der Nähe der Carolyne von Sayn-Wittgenstein (Liszt wohnt Vicolo dei Greci 43, Carolyne wie schon seit Jahren, Via Babuino 89.) Vom 8. bis zum 11. November nimmt er in Budapest an ausgedehnten Feierlichkeiten anlässlich seines 50-jährigen Künstlerjubiläums teil. Nach Ausflügen nach Gran und Preßburg (Aufführung seiner *Graner Messe*) kehrt er wieder nach Budapest zurück und hört am 19. Dezember seinen *Mazeppa* unter Hans Richter. Er komponiert in diesem Jahr keine großen Werke und beschränkt sich auf einige Klavierübertragungen.

57
Ferencz Kozmata, Budapest, November 1873.
Originalgröße 37,5 × 30,5 cm, mit originalem Passepartout 47 × 36 cm

Die Aufnahmen entstanden im renommierten Atelier Kozmata anlässlich Liszts 50-jährigen Künstlerjubiläums. (Im Mai 1823 war der zwölfjährige Liszt zum ersten Mal als Klaviervirtuose in Pest aufgetreten.) Die Abbildung zeigt das Festkomitee zu Liszts Jubiläum. Von links nach rechts: Erzbischof Lajos Haynald (Vorstand des Komitees), Imre von Huszár, Franz Liszt, Graf Imre Széchényi, Ödön von Mihalovich, Baron Antal Ausgusz, Graf Albert von Apponyi, Dirigent Hans Richter, Graf Guido Karácsonyi, Johann Nepomuk Dunkl (Liszt-Schüler, -Editor und -Impresario).

Es fällt auf, um wie viel älter Liszt gegenüber den Aufnahmen von 1871 (S. 57) aussieht.

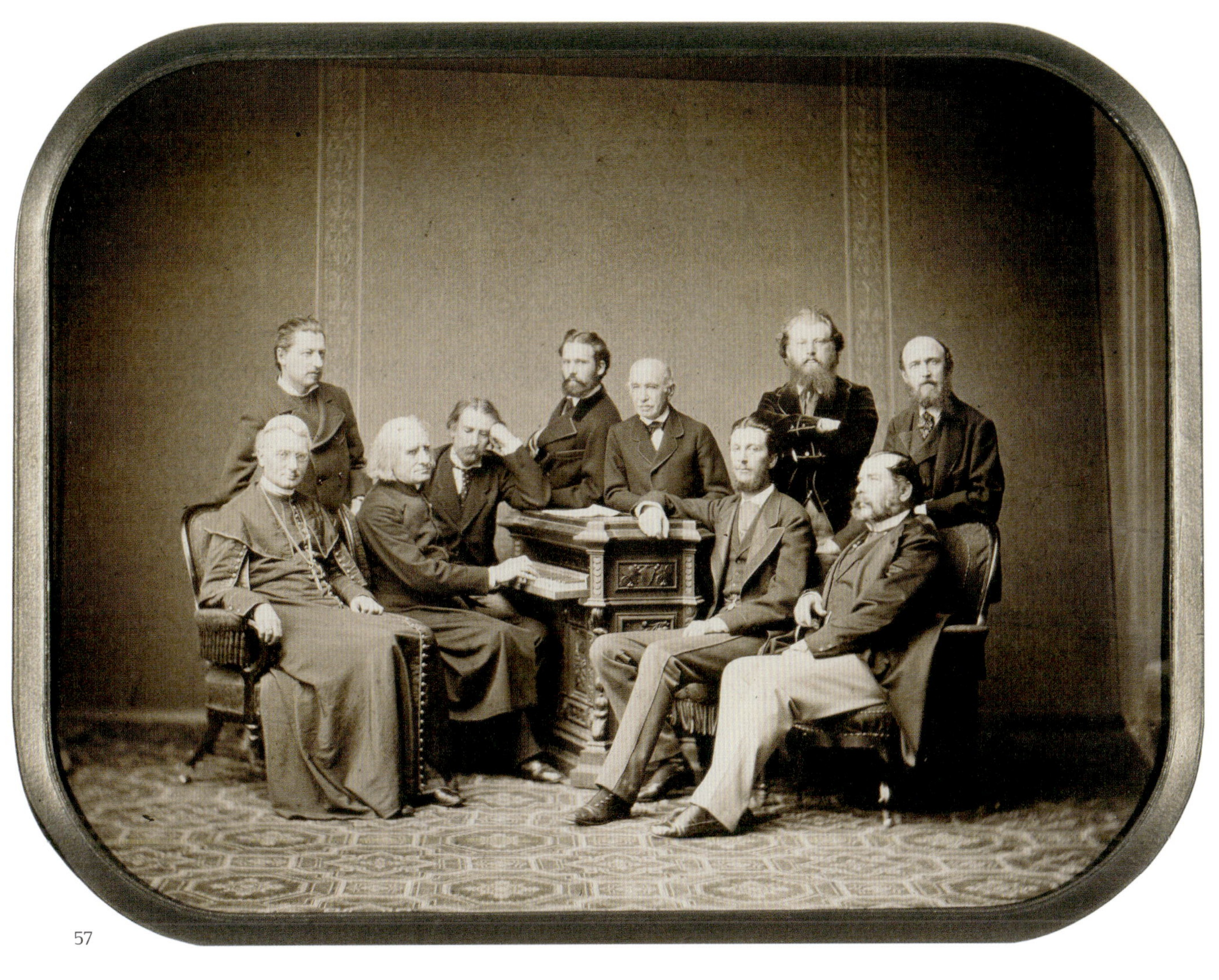

57

1874/1875

Am 11. Januar spielt Liszt in Wien mit Orchester seine Bearbeitung von Schuberts *Wandererfantasie* und die *Fantasie über ungarische Volksweisen*. Der Kritiker Eduard Hanslick ist hingerissen von seinem Spiel. Danach ist Liszt wieder einen Monat in Horpács und später in Budapest, wo er im März zwei Wohltätigkeitskonzerte gibt. Wien, Kalocsa, Preßburg und Budapest sind weitere Stationen. Er verzichtet 1874 auf seinen Weimar-Aufenthalt und lebt vom 7. Juni bis Ende Januar 1875 in der Villa d'Este. Hauptwerke 1874 sind die Chorwerke *Die heilige Cäcilia* und *Die Legende vom heiligen Stanislaus* (unvollendet).
Am 9. Februar 1875 verlässt Liszt Rom und lebt bis Ende März in Budapest, wo er am 10. März unter dem Dirigat Wagners zugunsten des Bayreuther Festspielfonds Beethovens *Es-Dur-Konzert* spielt. Vom 13. April bis zum 15. September unterrichtet er in Weimar mit einem längeren Aufenthalt im August bei den Bayreuther Festspielen. Die letzten drei Monate des Jahres verbringt er wieder in seiner geliebten Villa d'Este und arbeitet vor allem an der *Legende vom heiligen Stanislaus*.

58
Ferencz Kozmata, Budapest, 1873.

Mit einer Widmung an die Pianistin Annette Essipow, die Lehrerin Sergej Prokofievs.

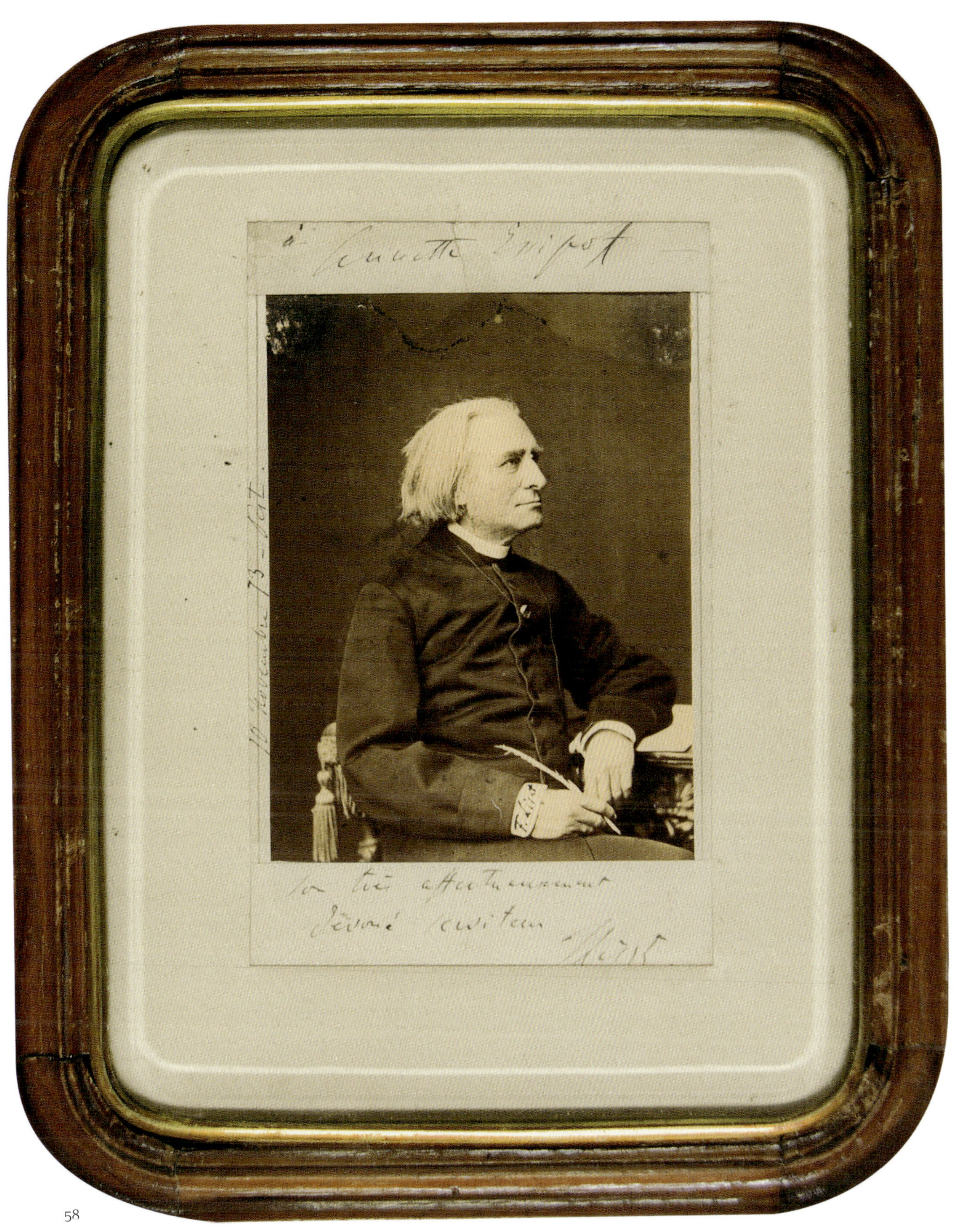

58

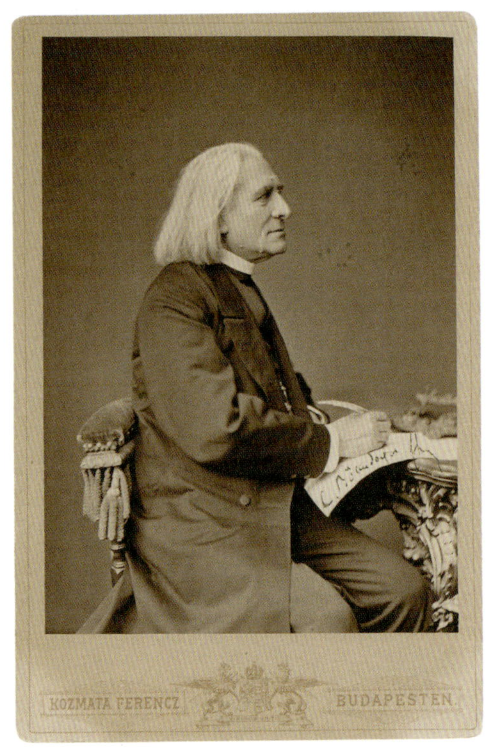

59

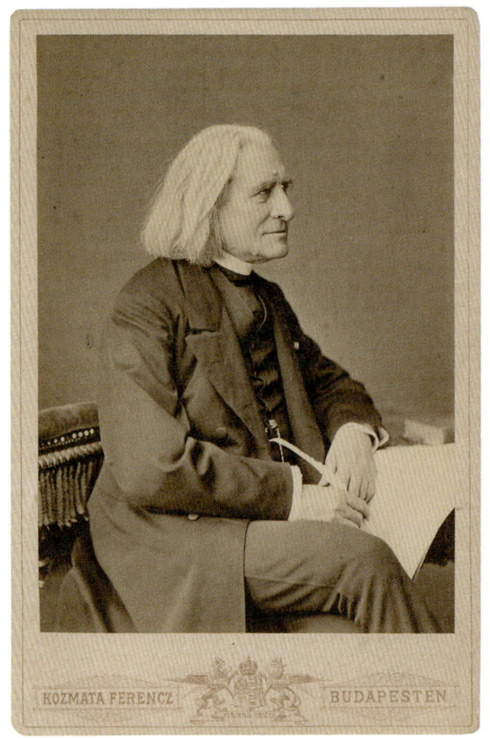

60

59, 60, 61
Ferencz Kozmata, Budapest, 1785.

Abb. 59 trägt eine Widmung an Céleste Bösendorfer, die Gattin des Wiener Klavierbauers Ludwig Bösendorfer.

62, 63 (S. 64, 65)
György Klösz, Budapest, 1875.

Die Aufnahmen entstanden wahrscheinlich anlässlich des von Richard Wagner und Franz Liszt am 10. März 1875 veranstalteten Konzerts. Das Atelier von György Klösz befand sich von 1870 bis 1895 in der Hatvani utca 1.

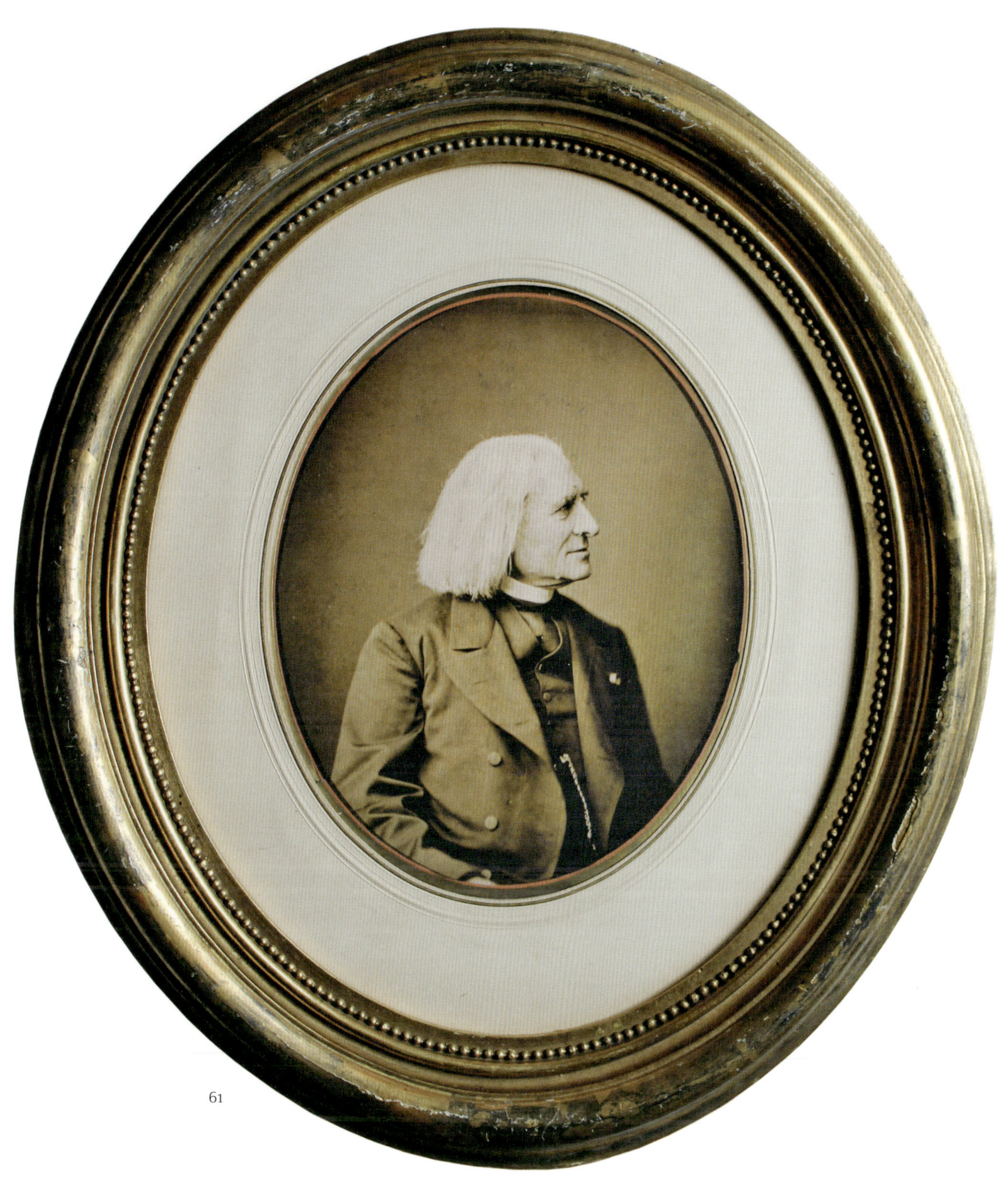

61

WAGNER LISZT CONCERT
AM 10TEN MÄRZ 1875 ZU BUDAPEST.
KLÖSZ GY. BUDAPEST.

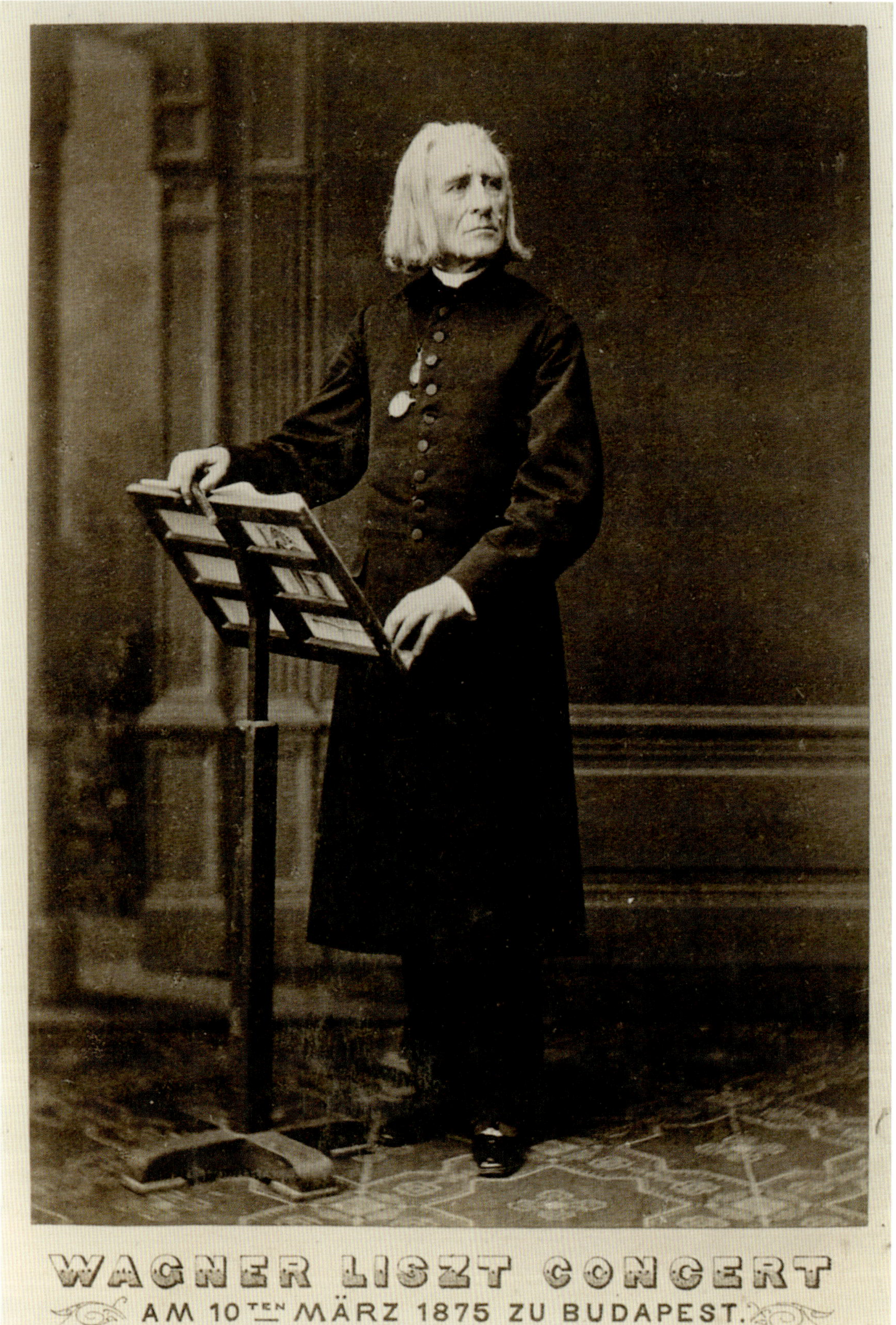

62

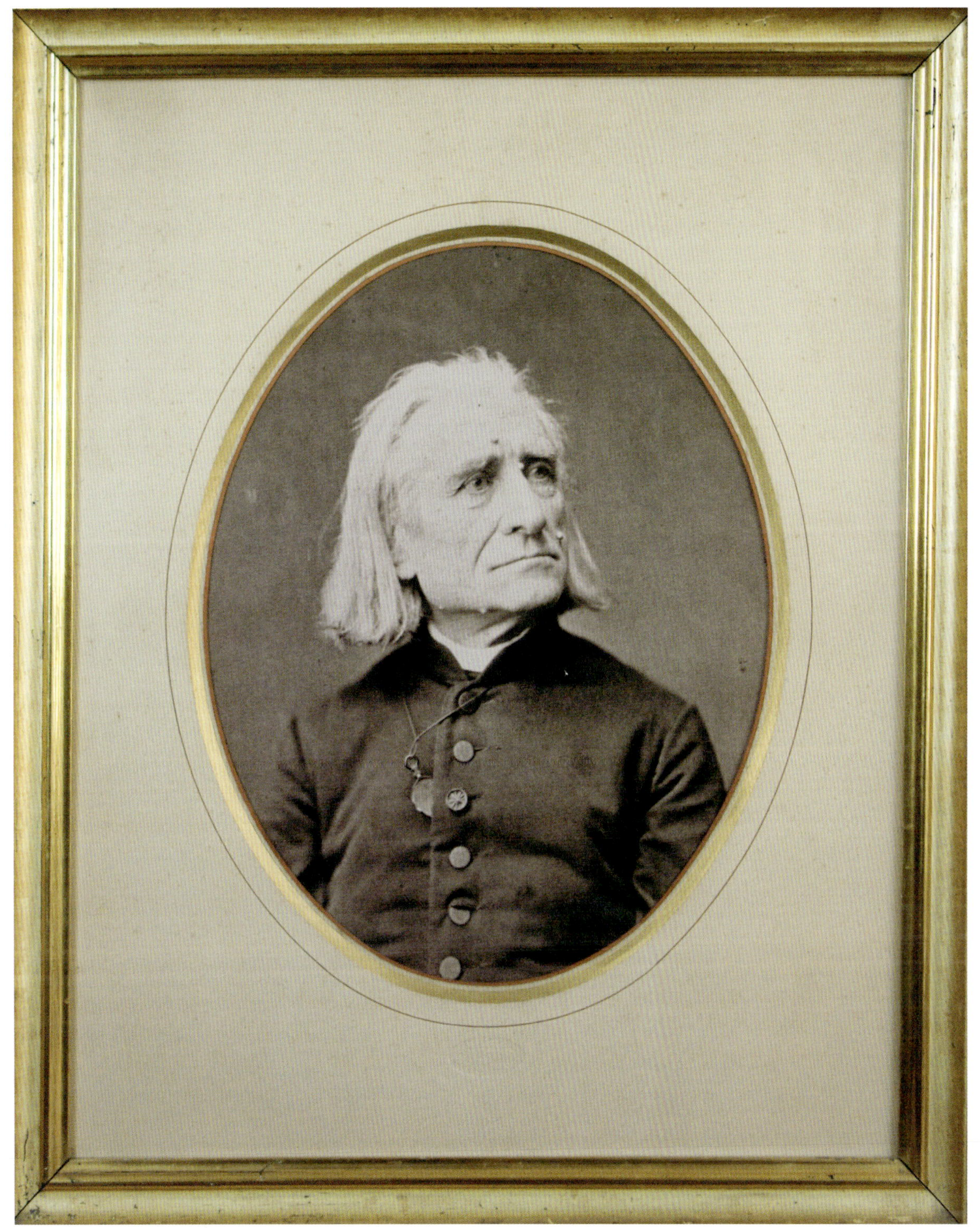

63

1876 – 1878

Liszt absolviert seinen alljährlichen Turnus zwischen Rom (bzw. der Villa d'Este), Weimar und Budapest, wo er für die eben eröffnete Musikakademie zum Präsidenten ernannt wird und seit Februar 1876 eine Klavierklasse leitet. Den gesamten August verbringt er in Bayreuth. Wagner rühmt ihn dort bei einem Festbankett als denjenigen »ohne den Sie heute vielleicht keine einzige Note von mir gehört haben würden«. Liszt fertigt erste Skizzen zu seiner *Via Crucis* an.

In den ersten drei Monaten des Jahres 1877 tritt er in Budapest und Wien mehrmals in Konzerten auf, so am 10. März, als er mit Sophie Menter seine Bearbeitung von Wagners *Walkürenritt* spielt, und am 16. März als Solist in Beethovens *Es-Dur-Konzert* und *Chorfantasie*. (Der elfjährige Busoni hört sein späteres Idol hier zum ersten Mal.) Nach seinem üblichen Weimar-Aufenthalt lebt Liszt vom 19. August an in Rom und Tivoli, ab Ende November wieder in Budapest.

Auch das Jahr 1878 verläuft ähnlich, hinzu kommen zwei Bayreuth-Aufenthalte und einer in Paris, wo Liszt im Juni Vorsitzender einer Jury bei der Weltausstellung ist.

Wesentliche Arbeiten der Jahre 1876 bis 1878 sind die Fertigstellung der *Via Crucis* und fünf Stücke aus dem dritten Jahr der *Années de pèlerinage*.

64. 65, 66

Friedrich Hertel, Weimar, Juli 1876.

Der Photograph Hertel übte sein Gewerbe spätestens seit 1865 in Weimar aus, sein Atelier war zu der Zeit der Liszt-Aufnahmen in der Schützenstraße 86, später verlegte er es in die Deinhardts-Gasse 22.

FRIEDR. HERTEL
GROSSHERZOGL. SÄCHS. HOFPHOTOGRAPH
Schützen-gasse 5.
WEIMAR.

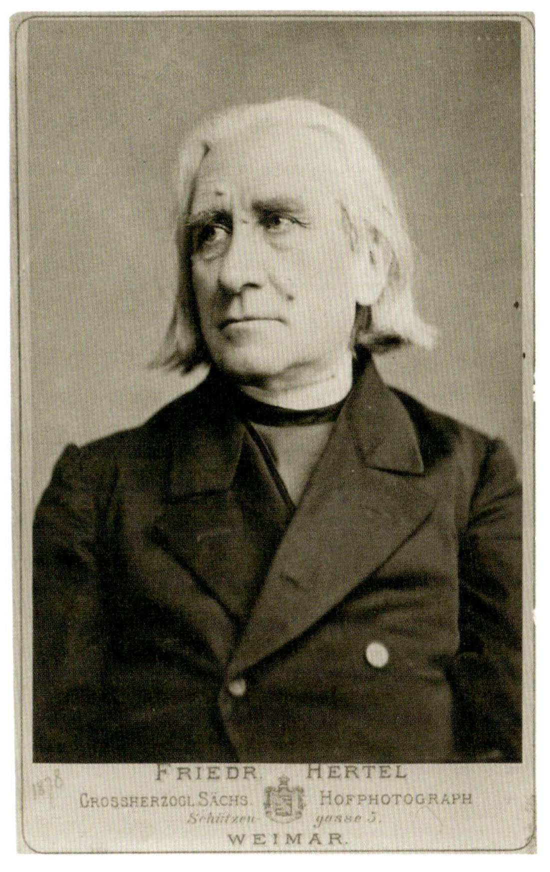

64

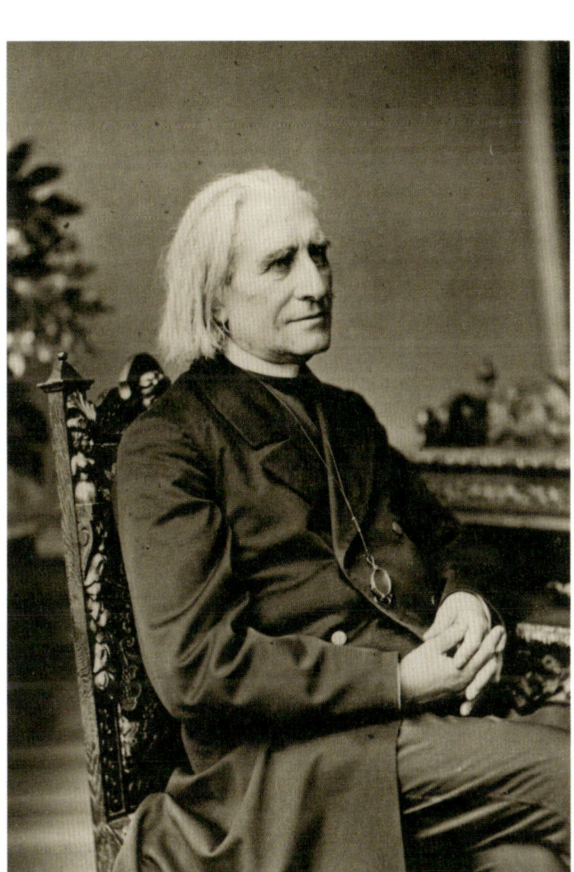

65

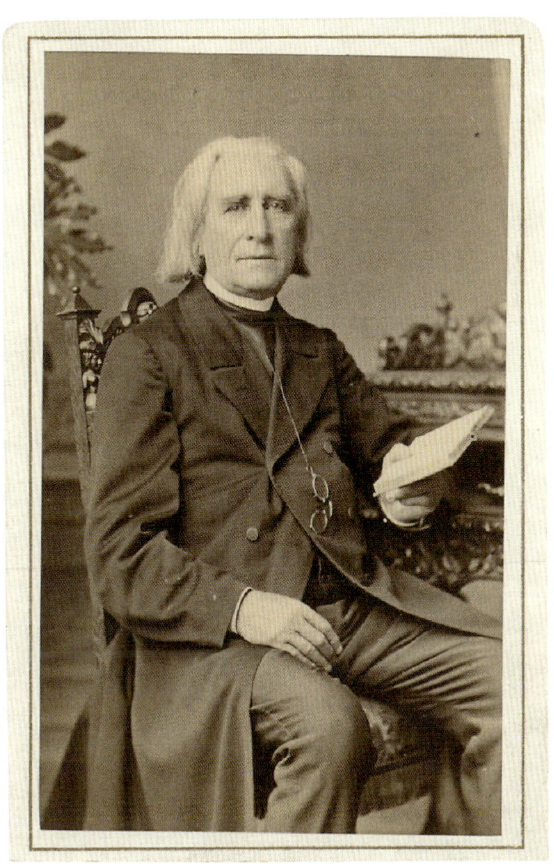

66

1881

Von Rom aus, wo Sgambati am 12. Januar Liszts *Tasso* dirigiert hat, kommt Liszt am 20. Januar nach Budapest und bezieht dort eine neue Wohnung im ersten Stock der Musikakademie (Sugár út 67, heute Vörösmarty utca 35). Bülow gibt am 14. Februar einen Liszt-Abend in der Redoute. Nach Besuchen in Preßburg, Ödenburg, Raiding, Wien und Nürnberg ist Liszt vom 16. April bis zum 21. September in Weimar, im Mai verbringt er eine Woche in Antwerpen und Brüssel. Am 2. Juli stürzt er auf seiner Treppe in Weimar und muss für zwei Monate das Bett hüten. Von Bayreuth aus, wo er Wagner Ende September / Anfang Oktober in Wahnfried Beethovens *Sonaten opp. 101, 109, 110* und *111* vorspielt, kommt er in Begleitung seiner Enkelin Daniela am 16. Oktober nach Rom und wohnt bis zum Jahresende im Hotel Alibert, das in einer Seitenstraße der Via Babuino liegt. Zu seinem 70. Geburtstag findet im Palazzo Caffarelli auf dem Kapitol ein großes Fest statt. Am 6. Dezember werden in der Sala Dante seine *Dante-Symphonie* und das *A-Dur-Konzert* mit Sgambati als Solisten aufgeführt.

Hauptwerke 1881 Symphonische Dichtung *Von der Wiege bis zum Grabe, Ungarns Gott* (für Männerchor), Klavierwerke (*Nuages gris, Csárdas macabre, Valse oubliée N° 1*).

70, 71

Julien Ganz, Brüssel, Mai 1881.
Die Aufnahmen aus dem Atelier Ganz, Brüssel Rue de l'Ecuyer N° 38, entstanden während der Aufenthalte Liszts in Antwerpen und Brüssel vom 23. bis zum 31. Mai 1881. In den zu seinen Ehren veranstalteten Konzerten wurden in Antwerpen aufgeführt: *Graner Messe, Klavierkonzert Es-Dur, Totentanz, Les Préludes* und die Lieder *Mignon, Es muss ein Wunderbares sein, Wieder möcht' ich Dir begegnen*. In Brüssel: *Tasso, Concerto pathétique* für zwei Klaviere, *Faust-Symphonie* und das Lied *Loreley*.

72

Theodor Hoehne, Magdeburg, Juni 1881.
Vom 9. bis zum 12. Juni 1881 war Liszt in Magdeburg, wo anlässlich der Magdeburger Tonkünstlerversammlung seine *Bergsymphonie* (*Ce qu'on entend sur la montagne*) aufgeführt wurde.

73

Heinrich von Langsdorff, Freiburg, Mai 1881.
Vom 29. April bis zum 3. Mai 1881 hielt sich Liszt in Freiburg im Breisgau auf, wo er beim Musikfest mitwirkte. Er besuchte auch Langsdorffs Atelier gegenüber dem Bahnhof.

BRUXELLES
30, RUE DE L'ECUYER
70

J. GANZ
BRUXELLES
71

Gesetzlich geschützt
THEODOR HOEHNE
MAGDEBURG.
72

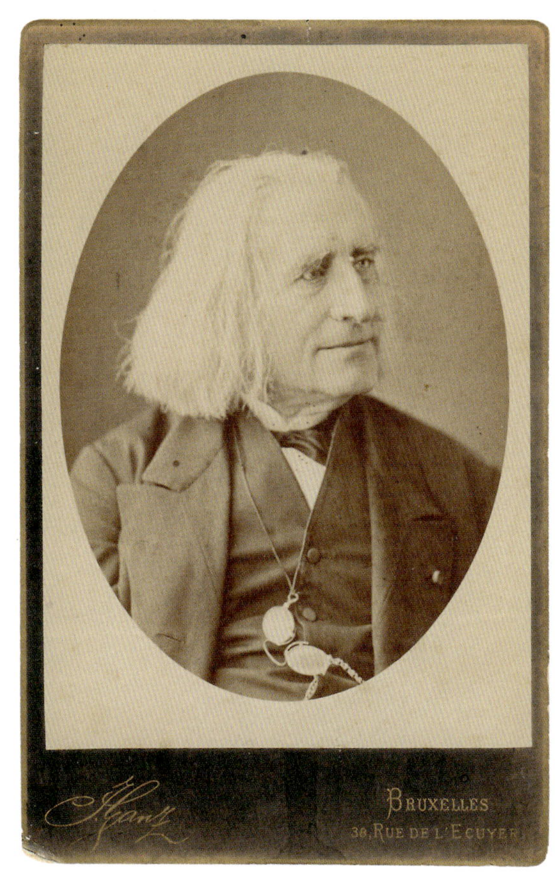

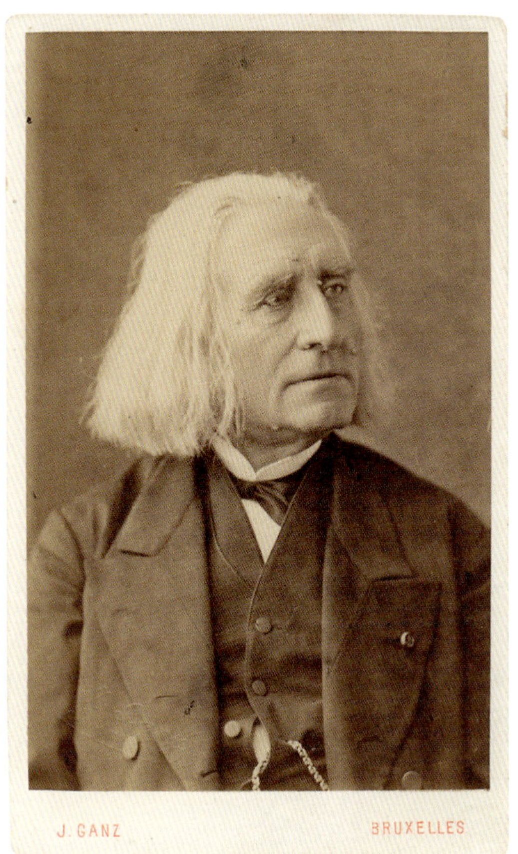

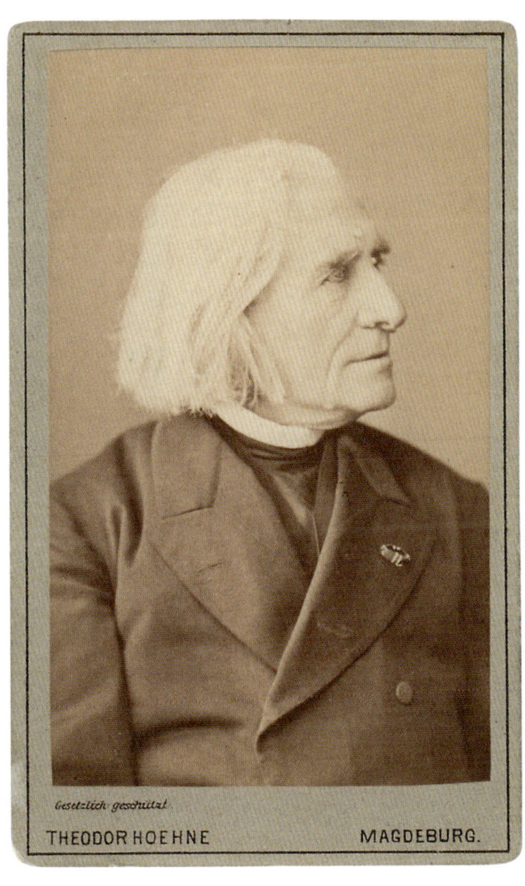

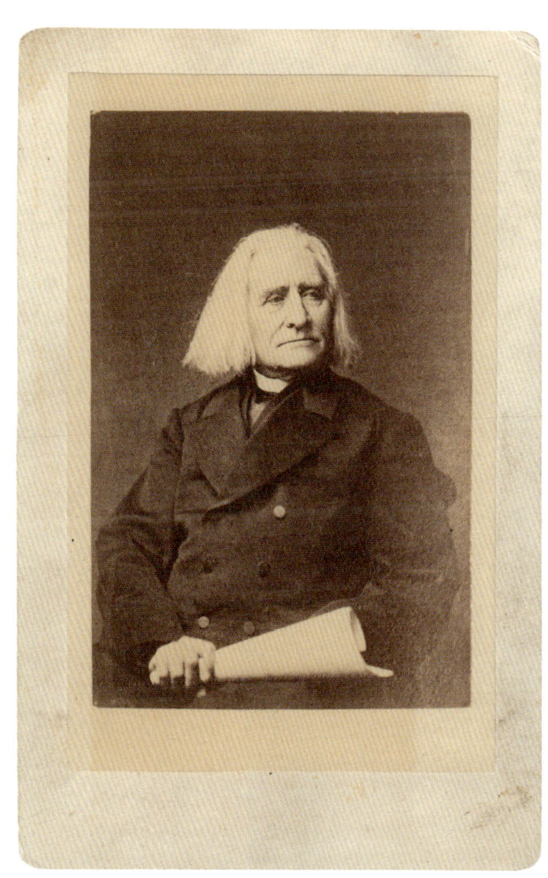

73

1882

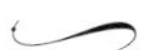

Im Januar ist Liszt in Rom, vom 3. bis zum 5. Januar auch im bischöflichen Palais zu Albano. Nach Aufenthalten in Florenz, Venedig und Wien, wo er am 2. Februar einen Brahms-Abend Bülows besucht, spielt Liszt am 25. Februar seine eben fertiggestellte *16. Ungarische Rhapsodie*, die dem Maler Mihaly Munkácsy gewidmet ist. Bis zum 14. April unterrichtet er in Budapest, dazwischen besucht er eine Woche Kardinal Haynald in Kalocsa. Vom 19. April bis Mitte November weilt er in Weimar. Zu den ersten vier *Parsifal*-Aufführungen vom 15. Juli bis zum 5. August ist er in Bayreuth. Am 22. Oktober findet im Hoftheater ein Konzert zu Ehren Liszts statt, u. a. spielt sein neuer Schüler Eugen d'Albert Liszts *Es-Dur-Konzert*, *Pester Karneval*, und *Rákóczi-Marsch*. Vom 19. November bis zum 13. Januar 1883 ist Liszt bei Richard und Cosima Wagner im Palazzo Vendramin in Venedig. Es ist seit Jahren der erste Winter, den er nicht in Rom bzw. in der Villa d'Este verbringt. Wagner bittet ihn immer wieder, ihm Werke Beethovens und Schuberts vorzuspielen.

Hauptwerke 1882 *Die Trauergondel* (zwei verschiedene Fassungen), *Ungarische Rhapsodie Nr. 16*, *Reminiscences de Boccanegra* (Verdi).

74, 75, 76

Julien Ganz, Brüssel, Mai 1882.

Der Photograph Julien Ganz unterhielt sowohl in Brüssel als auch in Zürich ein photographisches Atelier.

74

Ganz
BRUXELLES
38, RUE DE L'ECUYER

75

Ganz
BRUXELLES
38, RUE DE L'ECUYER

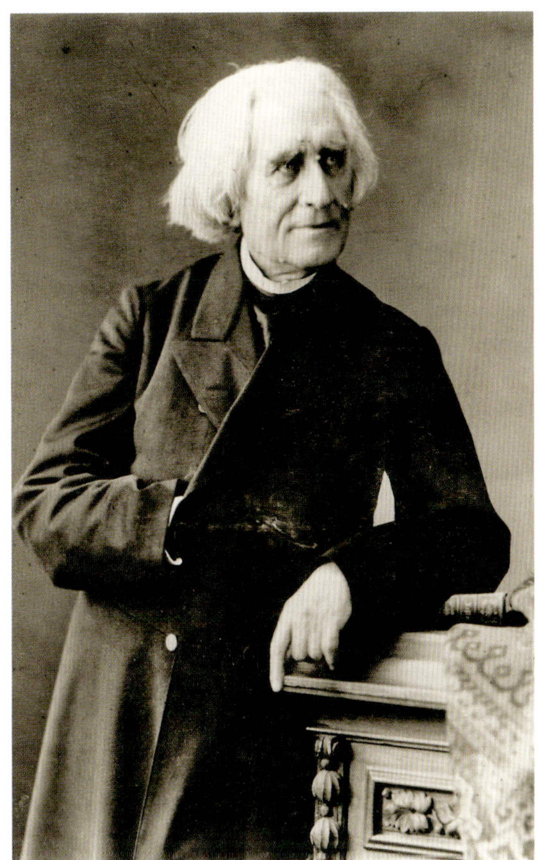

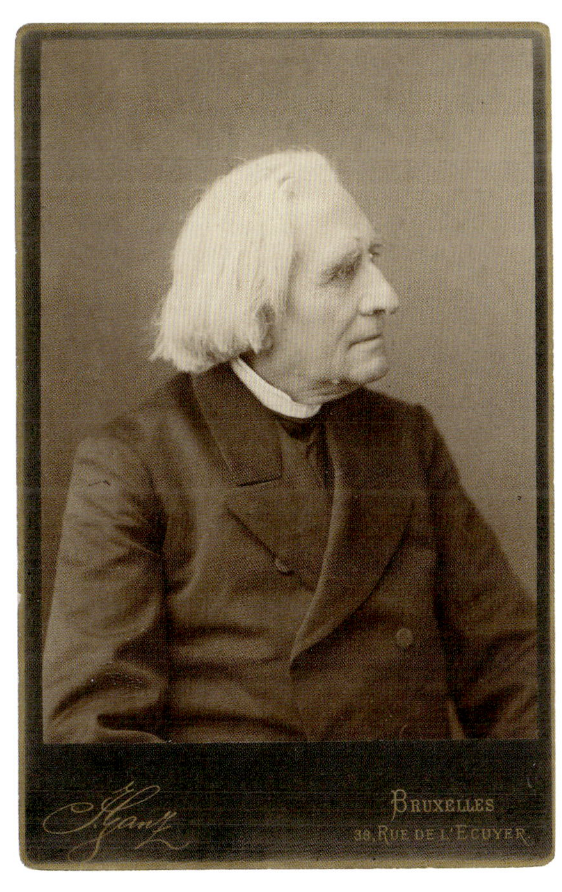

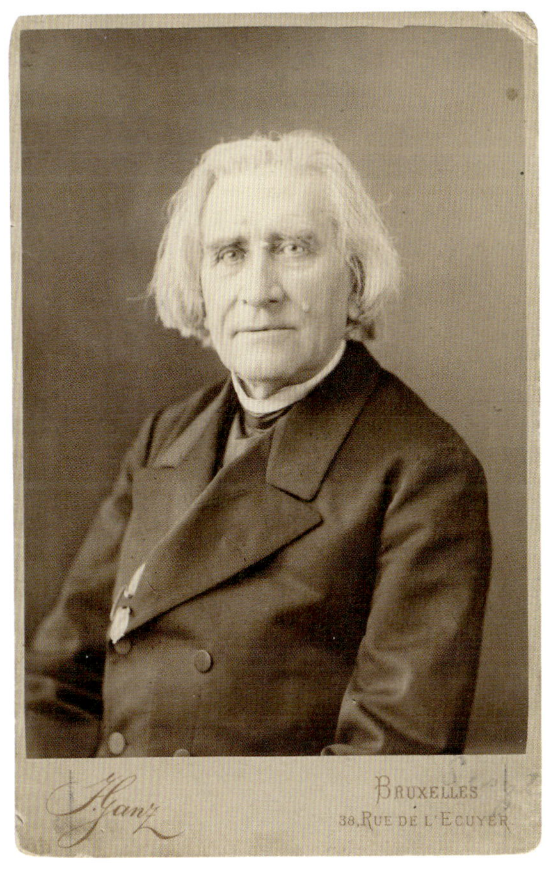

76

1883

Am 13. Januar beendet Liszt seinen zweimonatigen Aufenthalt bei Wagner in Venedig und nimmt (bis 3. April) seine Lehrtätigkeit in Budapest wieder auf. Auf die Nachricht von Wagners Tod (13. Februar) antwortet er: »Heute er, morgen ich«. Anschließend ist er bis zum 31. Januar 1884 in Weimar. (Auch 1883 entfällt sein gewohnter Italien-Aufenthalt.) Liszt unterrichtet in Weimar zahlreiche Schüler und bereist Deutschland zu Aufführungen seiner Werke. Sein neuer Schüler Alexander Siloti gibt in Weimar (wo er u. a. den *Totentanz* spielt) und in Leipzig erfolgreiche Liszt-Konzerte. Am 22. Oktober findet eine szenische Aufführung der *Legende von der heiligen Elisabeth* in Weimar statt. Der anwesende Géza von Zichy beschreibt später, mit welcher Güte Liszt die ihn umringenden Bettler und Autogrammjäger behandelte. Vom 1. bis zum 3. Dezember wohnt Liszt im Schloss von Meiningen. Bülow dirigiert dort Werke Beethovens und Liszts *Die Ideale* und *Vom Fels zum Meer*.

Hauptwerke 1883 Klavierstücke *Unstern, R. W. [Richard Wagner]-Venezia. Am Grabe Richard Wagners, 3. Mephistowalzer, Mephistopolka, Valse oubliée N°3, Reqiem* (für Orgel), *Ungarisches Königlied* (für Bariton).

77, 78, 79

Louis Held, Weimar, 1883.

Trotz der großartigen Liszt-Aufnahmen aus den Ateliers Hanfstaengl, Pierre Petit, Mayer & Pierson und Nadar muss man Louis Held als den wichtigsten Photographen Liszts bezeichnen, schon allein aufgrund der großen Anzahl von Bildern, die er von Liszt anfertigte. Louis Held (1851–1927) erhielt seine Ausbildung bei H. J. Schaarwächter in Berlin und gründete bald darauf eigene Firmen in Liegnitz (1876) und Berlin (1879). 1882 übersiedelte er nach Weimar, wo er am 1. April des gleichen Jahres in der Schillerstraße 16 ein Atelier eröffnete. Hier entstanden die Liszt-Portraits. 1886 zog Held in die Marienstraße 1, nur einige Häuser entfernt von der Hofgärtnerei, die Liszt von 1869 an bis zu seinem Tod bewohnt hatte.

Held entwickelte sich vom konventionellen Hofphotographen zu einem der allerersten Bildreporter und schuf eine ihm eigene Bildform, das »Milieu-Portrait«, indem er die Dargestellten außerhalb des Photoateliers, in ihrem eigenen Lebens- oder Arbeitsbereich photographierte (vgl. Abb. 91). Mit einer Kamera, die eine Belichtungszeit von bis zu 1/1000 erlaubte, konnte er schon um 1890 Momentaufnahmen herstellen. Louis Helds Bedeutung als Photograph ist heute etwas in Vergessenheit geraten. Er beherrschte alle Techniken seines Metiers, experimentierte mit Lichtdrucken und Bildkolorierungen und drehte 1910 seinen ersten Kinofilm. Zwei Jahre später eröffnete er in der Marienstraße 1 seine »Reform-Lichtspiele«. 1923 erhielt er Patente für ein »Verfahren zur Herstellung von Kinofilmen in natürlichen Farben« und für eine »Vorrichtung zur Erzielung stereoskopisch wirkender Kinobilder in Farben«. Seit 1925 führte seine Tochter Ella Beyer-Held das Geschäft, ab 1957 leitete es Paul Bucher, ehe es 1970 in den Besitz von Eberhard und Renate Renno und schließlich deren Sohn Stefan kam, die das Archiv und die Nachfolge Louis Helds mit großem Traditionsbewusstsein übernahmen. Wir verdanken Louis Held vor allem reizvolle und seltene Gruppenaufnahmen mit Liszt.

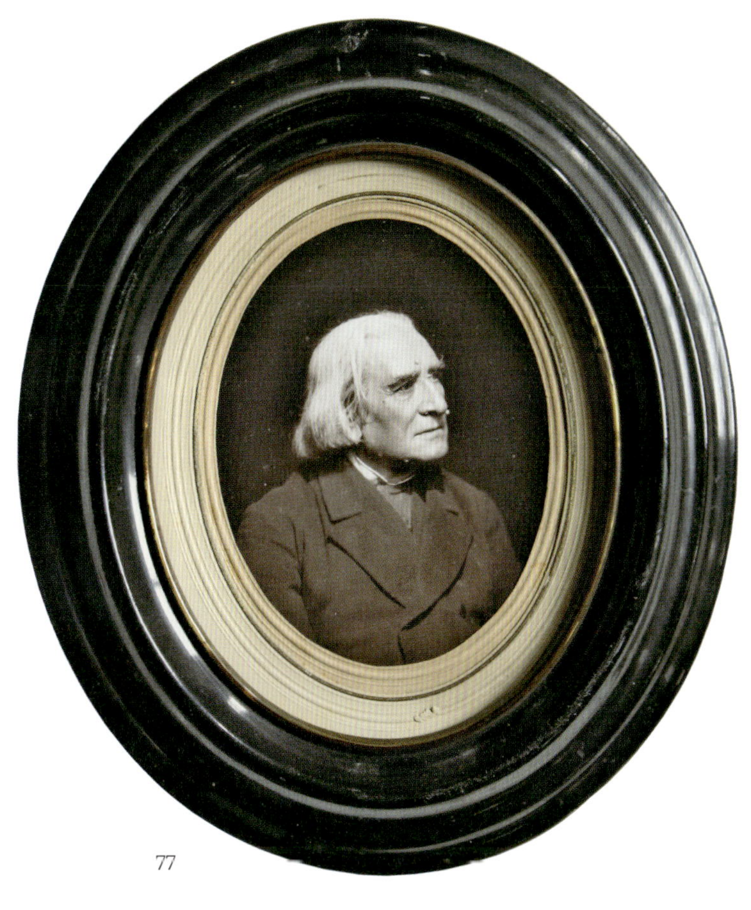

77

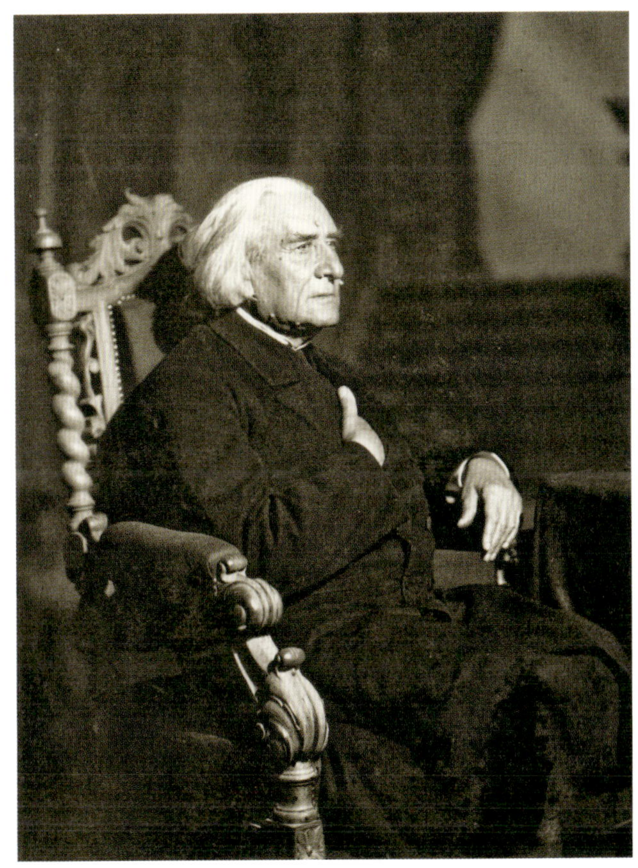

78

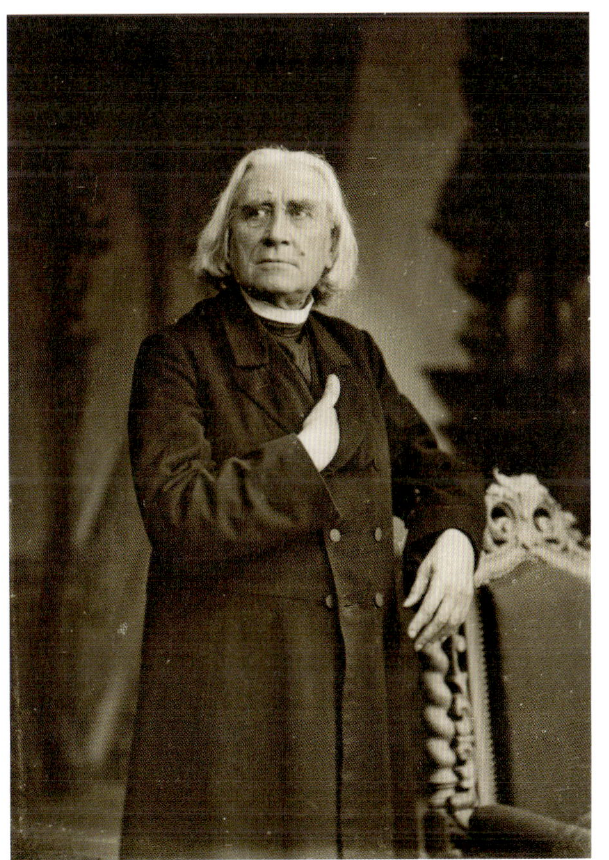

79

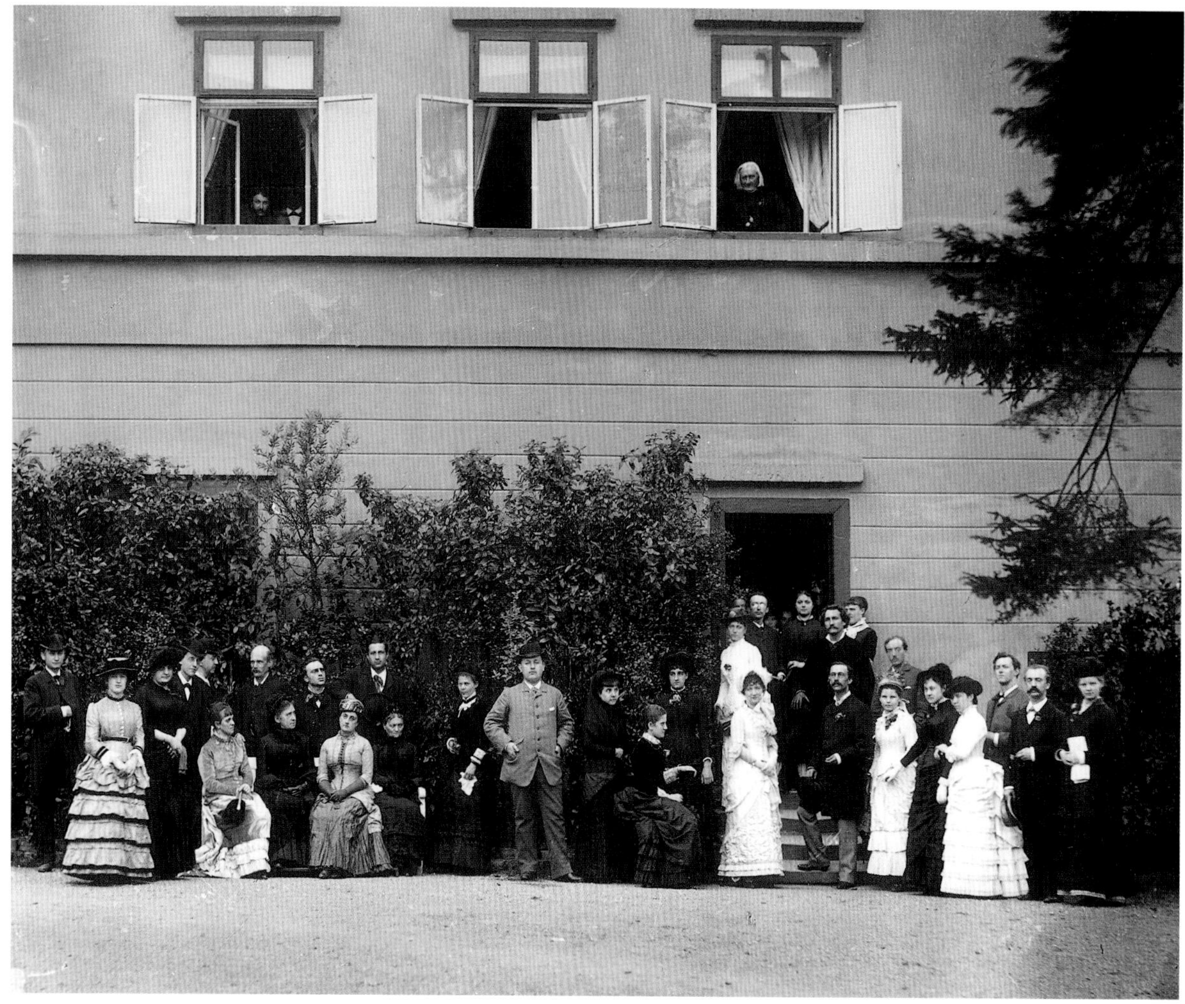

80

80

Louis Held, Weimar 1883.

Schülerschar vor der Hofgärtnerei, am Fenster Franz Liszt. Isabella Lourie (2. von links), Walter Bache (7. von links mit Stirnglatze), Alexander Siloti (11. von links, den Arm auf der Schulter seines Nachbarn), Anna Müller (13. von links, mit weißem Tuch in der Hand), Alfred Reisenauer (Hände in den Taschen), Josefine von Krautwald (mit weißem Kleid und weißer Haube), hinter ihr (ebenfalls im weißen Kleid) Katharina Ranouchewitsch, dahinter (in der Türöffnung, mit Brille) Henri van Zeyl, Carl V. Lachmund (rechtes Bein auf der Stufe, Blume am Revers), hinter ihm S. Henry Waller, Ilona von Krivácsy (6. von rechts, im weißen Kleid), rechts neben ihr Frau Lachmund, William Dayas (3. von rechts), Wilhelm Posse (2. von rechts). Am linken Fenster Liszts Diener Achille Colonello.

81

Louis Held, Weimar, um 1882.

Liszt am Fenster der Hofgärtnerei. Franz Liszt bewohnte das in der Marienstraße am Parkeingang gelegene Haus von 1869 bis an sein Lebensende jährlich für mehrere Monate, meistens von April bis September. (Die übrige Zeit des Jahres verbrachte er in Rom und Budapest). Am 12. Januar 1869 bezog er die erste Etage des 1798 als Hofgärtnerei erbauten Gebäudes und berichtete einige Tage später der Fürstin Wittgenstein nach Rom: »Man hat mir erzählt, dass die Frau Großherzogin und die Prinzessinnen sich umständlich mit der Auswahl der Teppiche, der Vorhänge etc. beschäftigt hätten. Tatsächlich ist diese Wohnung von ›wagnerischem‹ Luxus, an den man in dieser guten Stadt Weimar nicht gewohnt ist.«

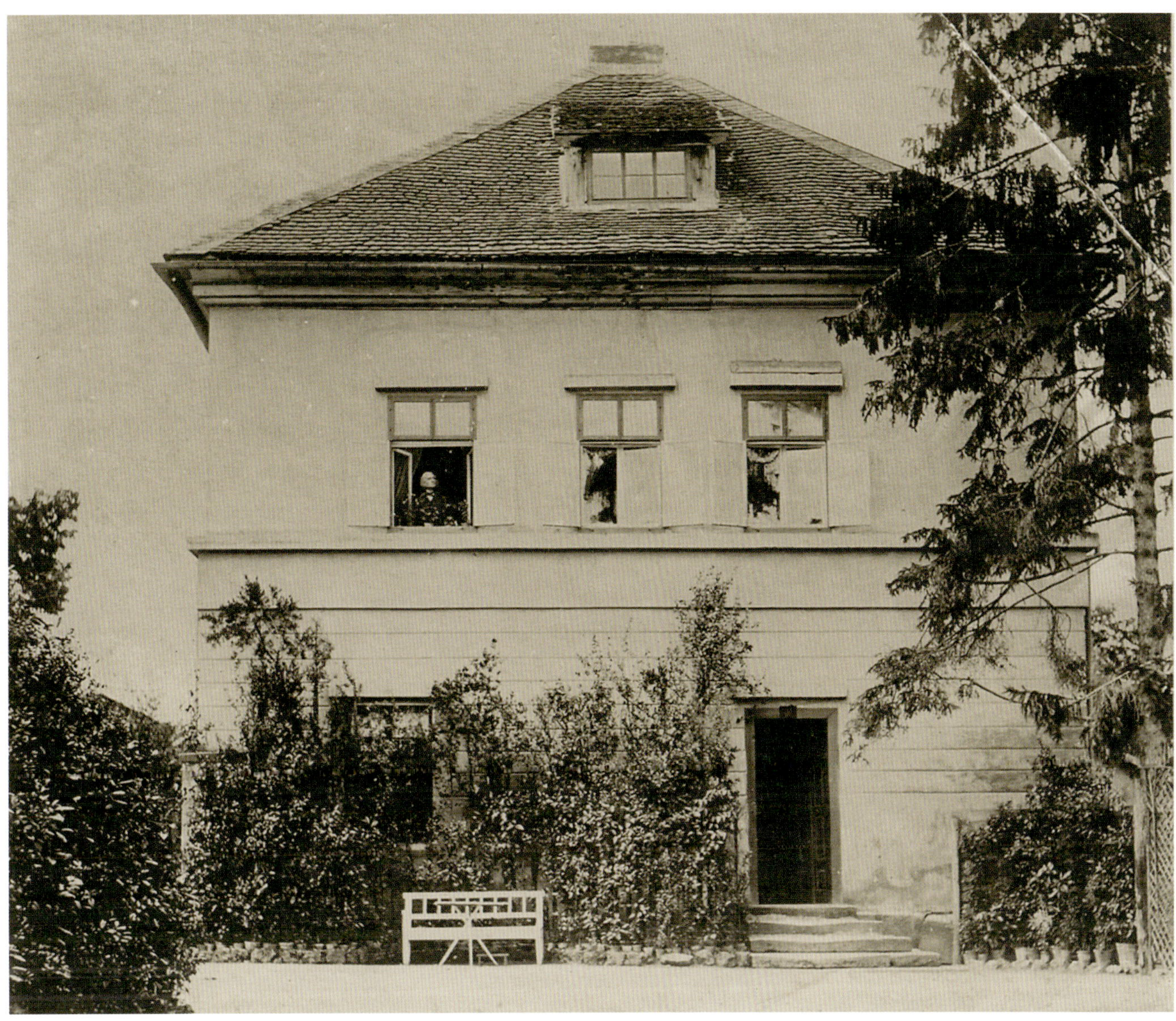

81

1884

Von Weimar aus trifft Liszt am 4. Februar in Budapest ein und bleibt bis zum 19. April. An Olga von Meyendorff schreibt er: »Meine Augen schwächen sich so sehr, dass es mir fast unmöglich ist, sie täglich mehr als zwei Stunden zu beanspruchen. Die ausgedehnte Zeit, die ich dem Notenpapier widmete, hat mein Augenlicht angegriffen.« Liszts Sehschwäche dürfte der Grund für das Nachlassen seiner Produktivität im Alter gewesen sein. Vom 25. April bis zum 25. Oktober ist Liszt, abgesehen von einem dreiwöchigen Aufenthalt im Juli/August in Bayreuth, in Weimar, wo seine Schülerschar ständig zunimmt. Er unternimmt Ausflüge nach München (Besuch von Wagners *Ring des Nibelungen)* und zu Sophie Menter auf Schloss Itter in Tirol. Vom 12. Dezember bis zum 25. Januar 1885 lebt er in Rom. Carolyne schrieb an Adelheid von Schorn: »Als er hier ankam, war er physisch und moralisch so erstarrt, müde und traurig anzusehen, dass ich zwei Tage nur im Stillen weinen konnte.«

Hauptwerke 1884 *Sancta Caecilia, Sankt Christoph, Mariengarten, Introitus, Le Crucifix (*für Solostimme mit Orgel- oder Klavierbegleitung), *Ungarische Rhapsodien Nr. 17* und *19*.

82, 83, 84

Louis Held, Weimar, 1884.

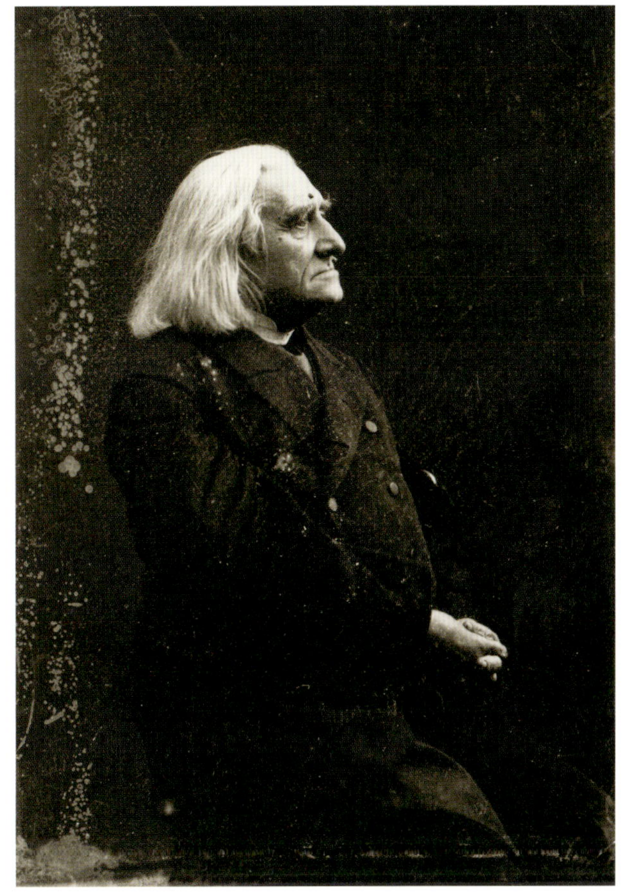
82

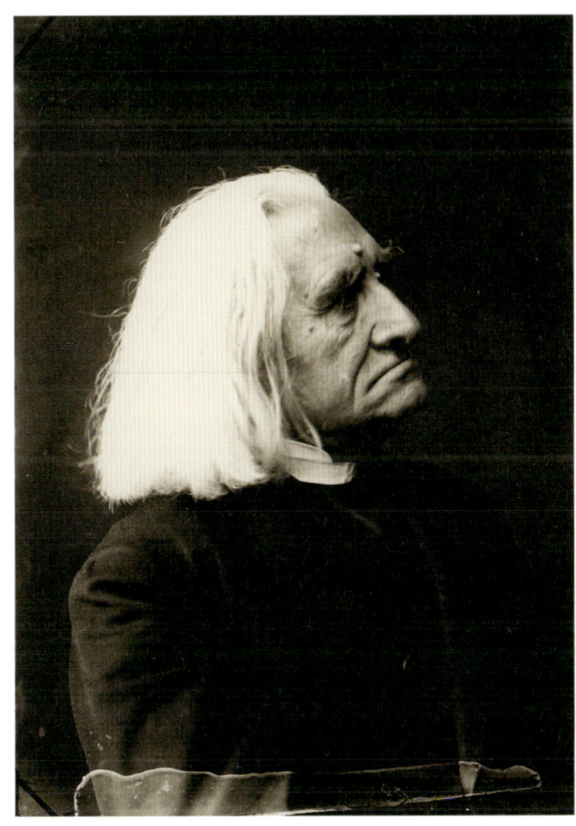
83

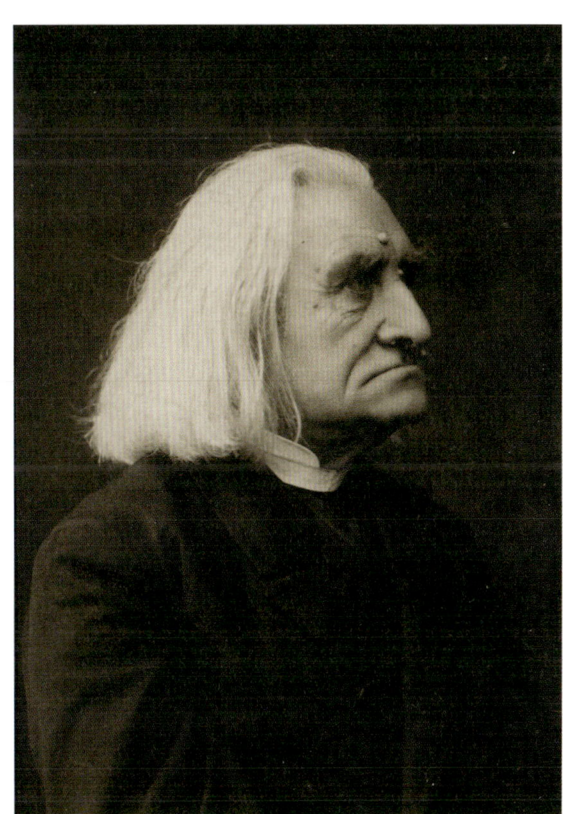
84

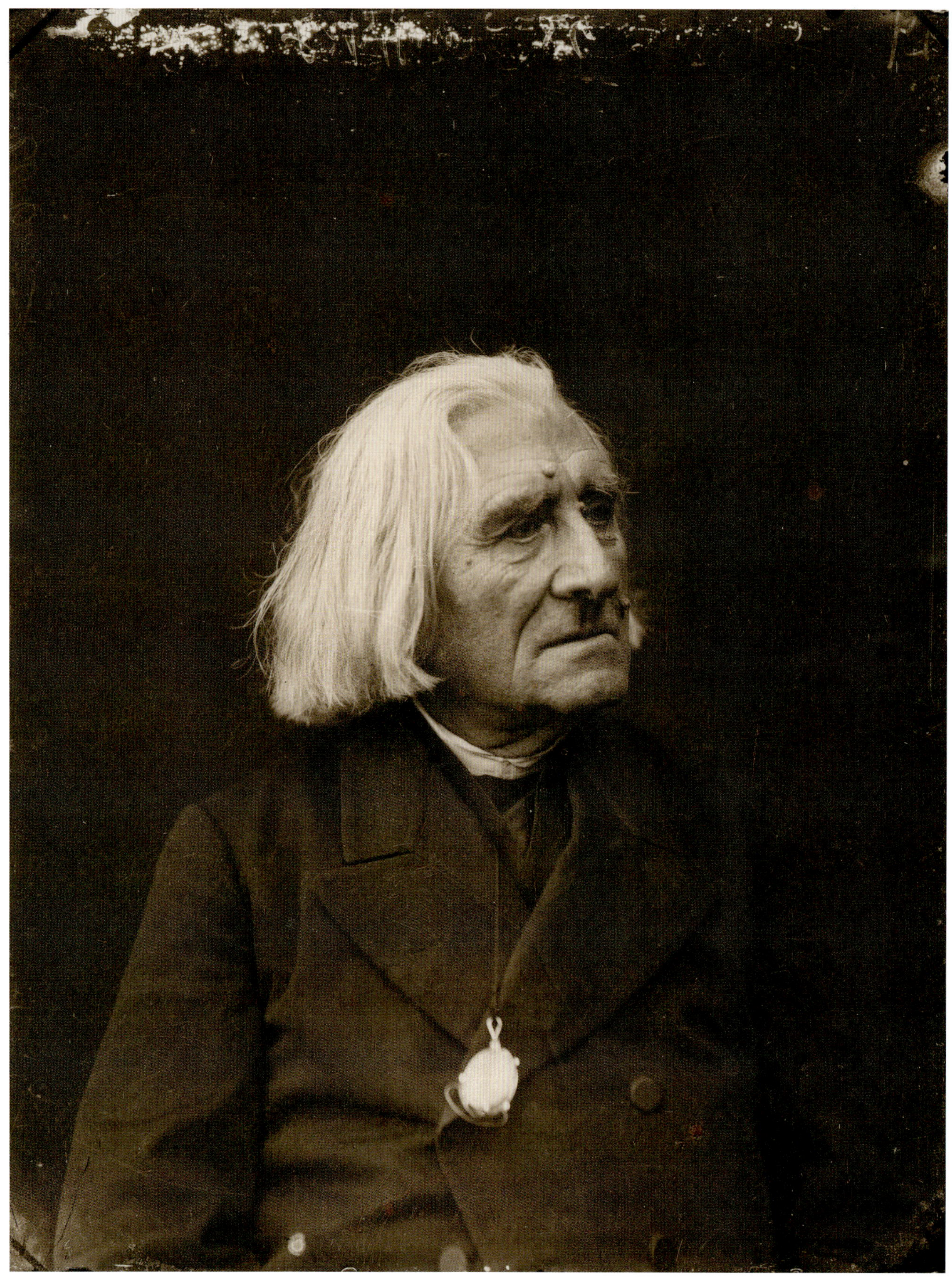

85

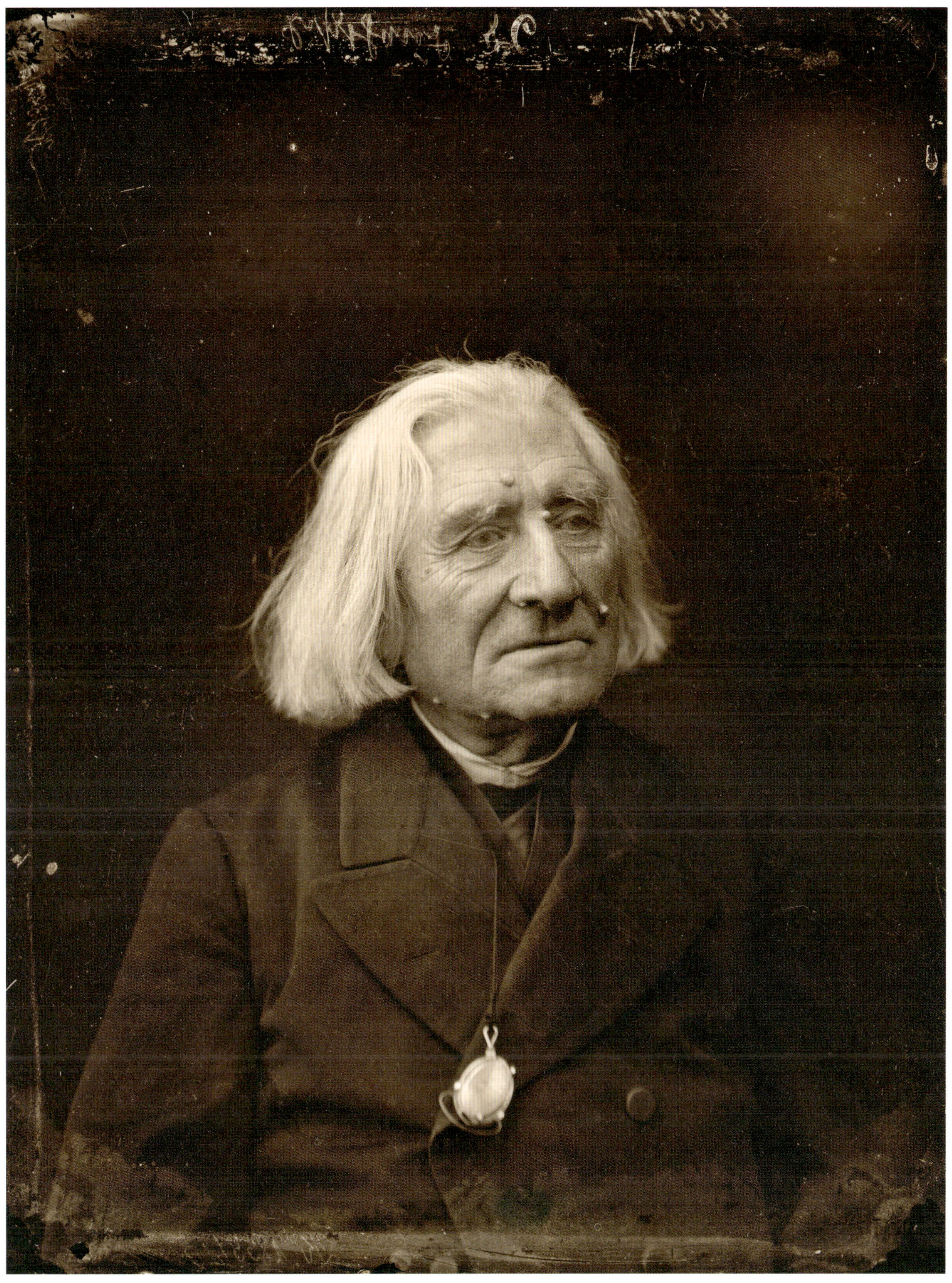

86

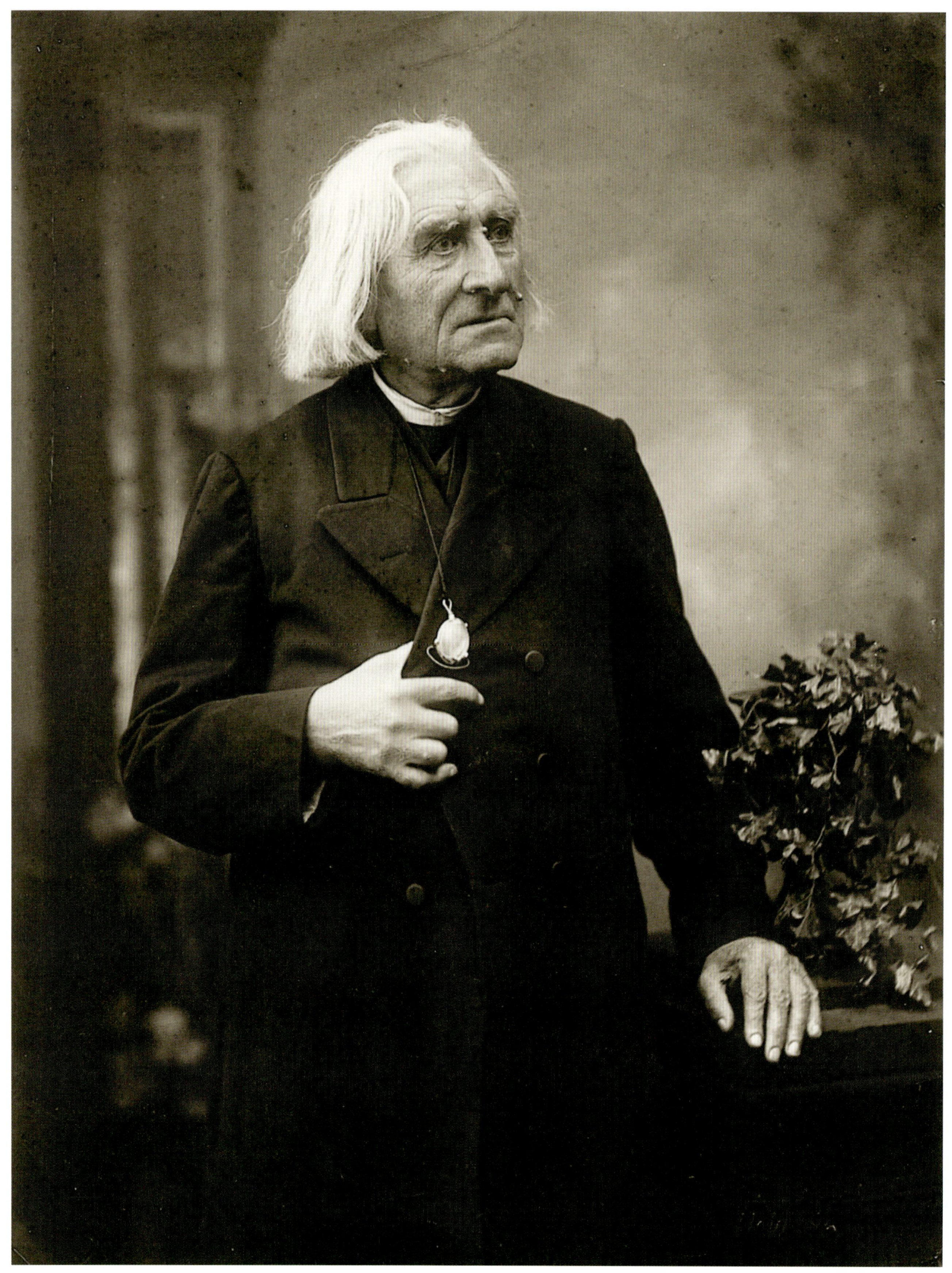

87

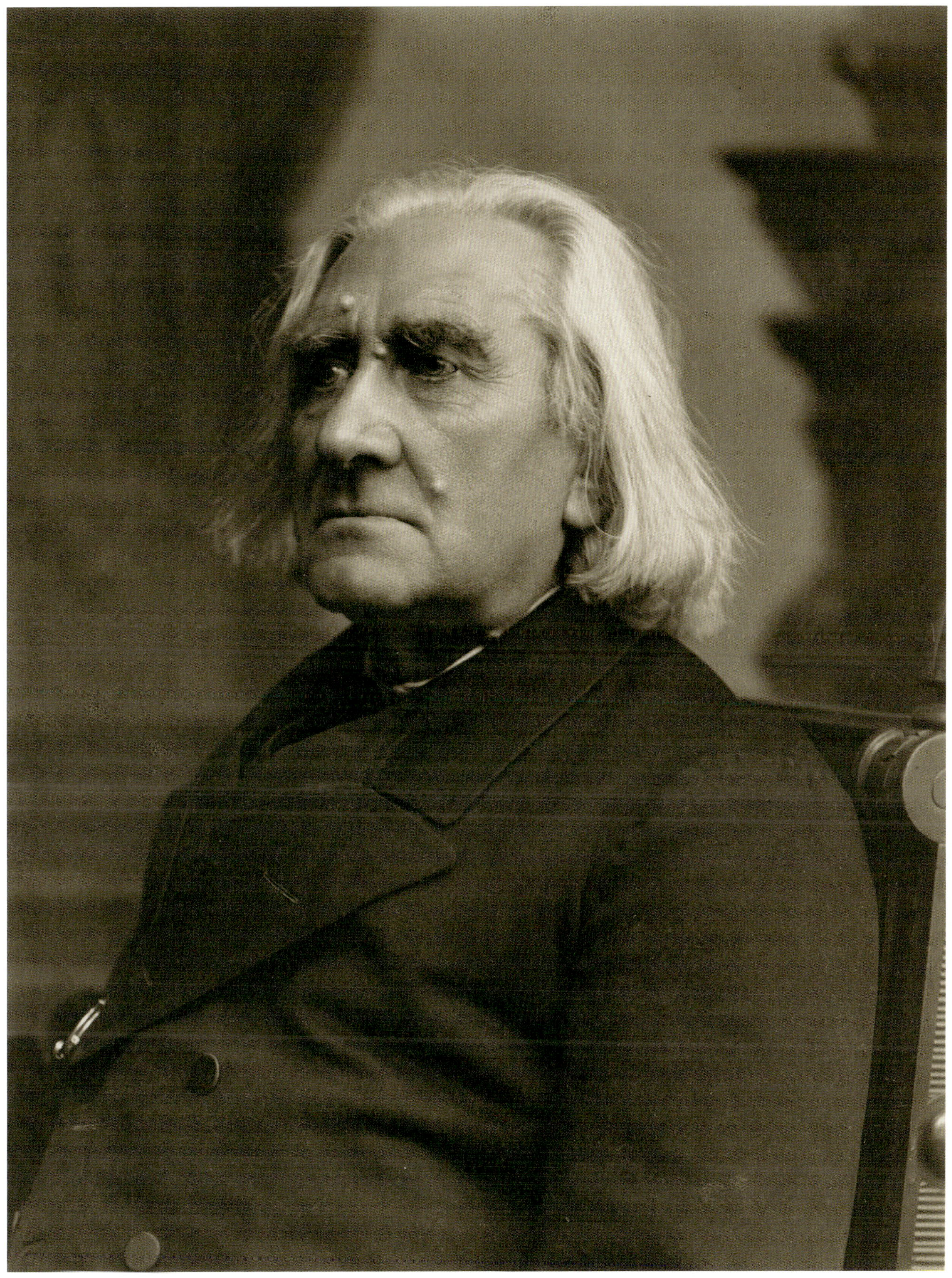

88

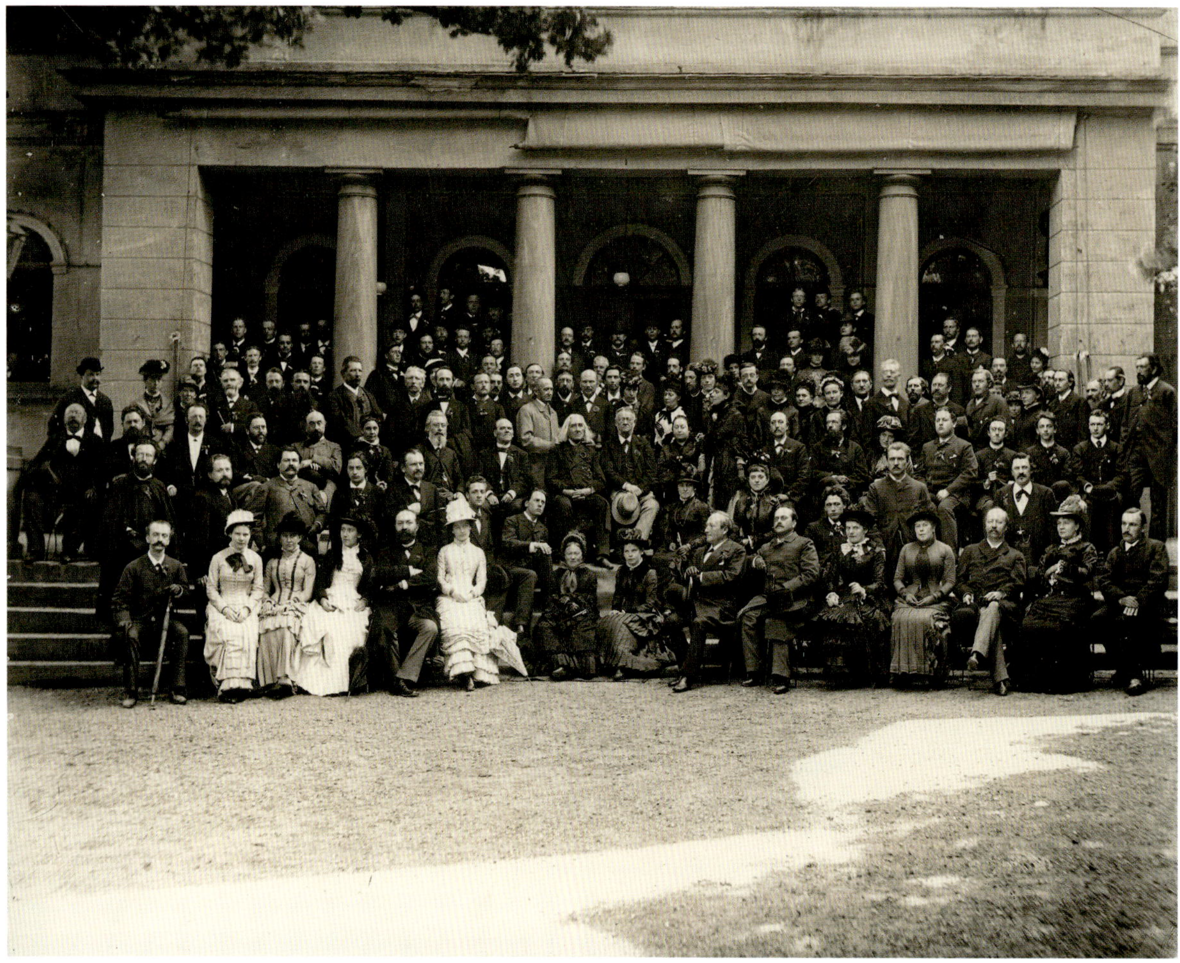

89

85, 86, 87, 88 (S. 80–83)
Louis Held, Weimar, Januar 1884.

89, 90
Louis Held, Weimar, Mai 1884.

Liszt im Kreis seiner Verehrer während der Tonkünstlerversammlung vom 23. bis zum 28. Mai 1884 in Weimar anlässlich des 25-jährigen Bestehens des *Allgemeinen deutschen Musikvereins*, dessen Ehrenpräsident er war. Die Aufnahme fand vor dem Haus der Armbrustschützen statt. Rechts neben Liszt Carl Gille (mit Hut in der Hand), unmittelbar hinter Gille Helene Stahr, links hinter ihr Heinrich Porges, links von Liszt Christian Friedrich Kahnt, neben Kahnt Otto Leßmann. Vor Liszt seine Schüler Arthur Friedheim (mit rechter Hand auf linkem Knie) und Richard Burmeister (links neben Friedheim). Das Mädchen in der Mitter der 1. Reihe ist Ilona von Krivácsy, in der 1. Reihe ganz links außen Wilhem Posse, zwischen der 5. und 6. von rechts in der 1. Reihe abgebildeten Person Felix von Weingartner, rechts in der 3. Reihe von unten die Liszt-Schüler Alexander Lambert (3. von rechts) und Alfred Reisenauer (links neben Lambert). Vor der 2. Säule von rechts August Göllerich (mit Vollbart), unmittelbar rechts von ihm Anna Stahr.

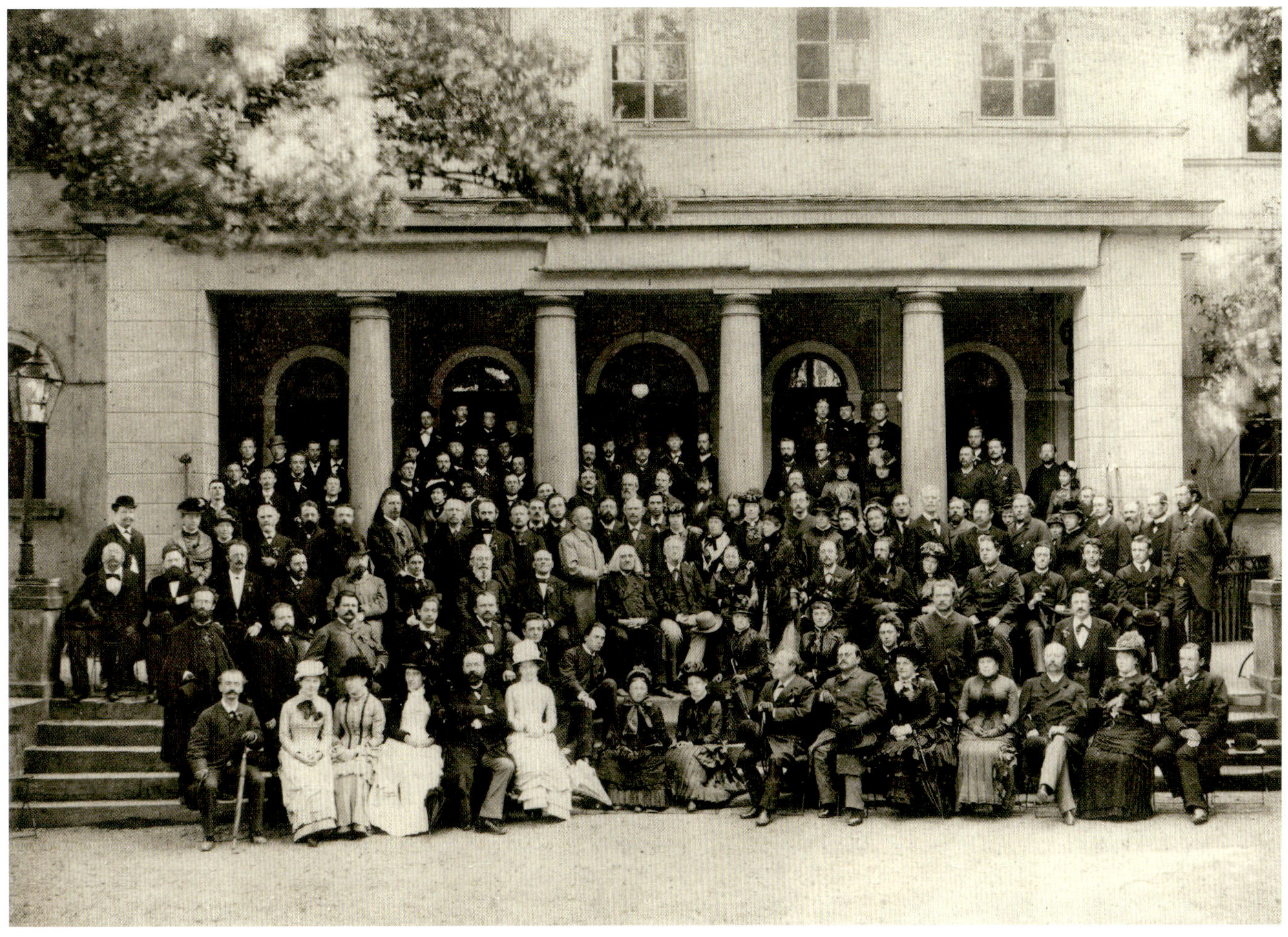

90

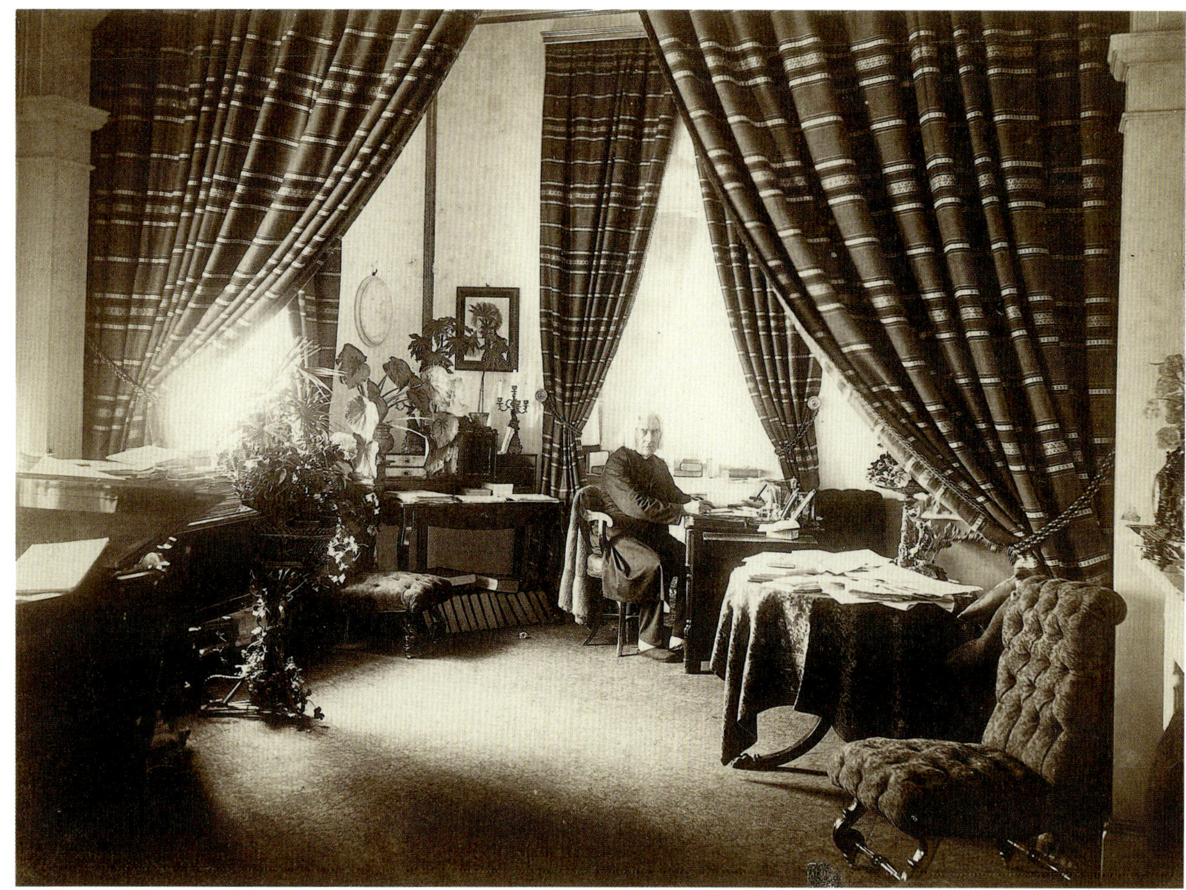

91

91
Louis Held, Weimar, Juni 1884.

Liszt an seinem Schreibtisch in
der Weimarer Hofgärtnerei.

Liszt-Schüler Carl V. Lachmund schrieb über diese Aufnahme: »Montag um die Mittagszeit [es handelte sich um einen der letzten Juni-Tage des Jahres 1884], da er gewöhnlich seine Arbeit abbrach, fanden wir ihn [Liszt] in bester Stimmung. Meine Frau glättete sein Seidenhaar, während ich den Band der Werke Bachs so aufs Klavier stellte, dass der Name erkannt werden konnte – wussten wir doch von seiner tiefen Verehrung für Bach und Beethoven. Er musste eine volle Minute still sitzen, was keine leichte Sache war, denn das Blitzlicht war damals noch nicht in Gebrauch.«

92
Louis Held, Weimar, Juni 1884.

Liszt mit Carl V. Lachmund
und dessen Gattin Karoline.

Lachmund: »An diesem Tag [s. Legende 91] bot er uns auch an, mit uns zu Helds Atelier zu gehen, um ein Gruppenbild anfertigen zu lassen. Der Photograph meinte, die Aufnahme würde am besten im Garten gelingen, und wir fanden auch wirklich einen geeigneten schattigen Winkel im Garten für die Aufnahme. Das heimelige Bild, wenn man es so nennen darf, wird von uns als besonders teures Andenken an den Meister aufbewahrt.«

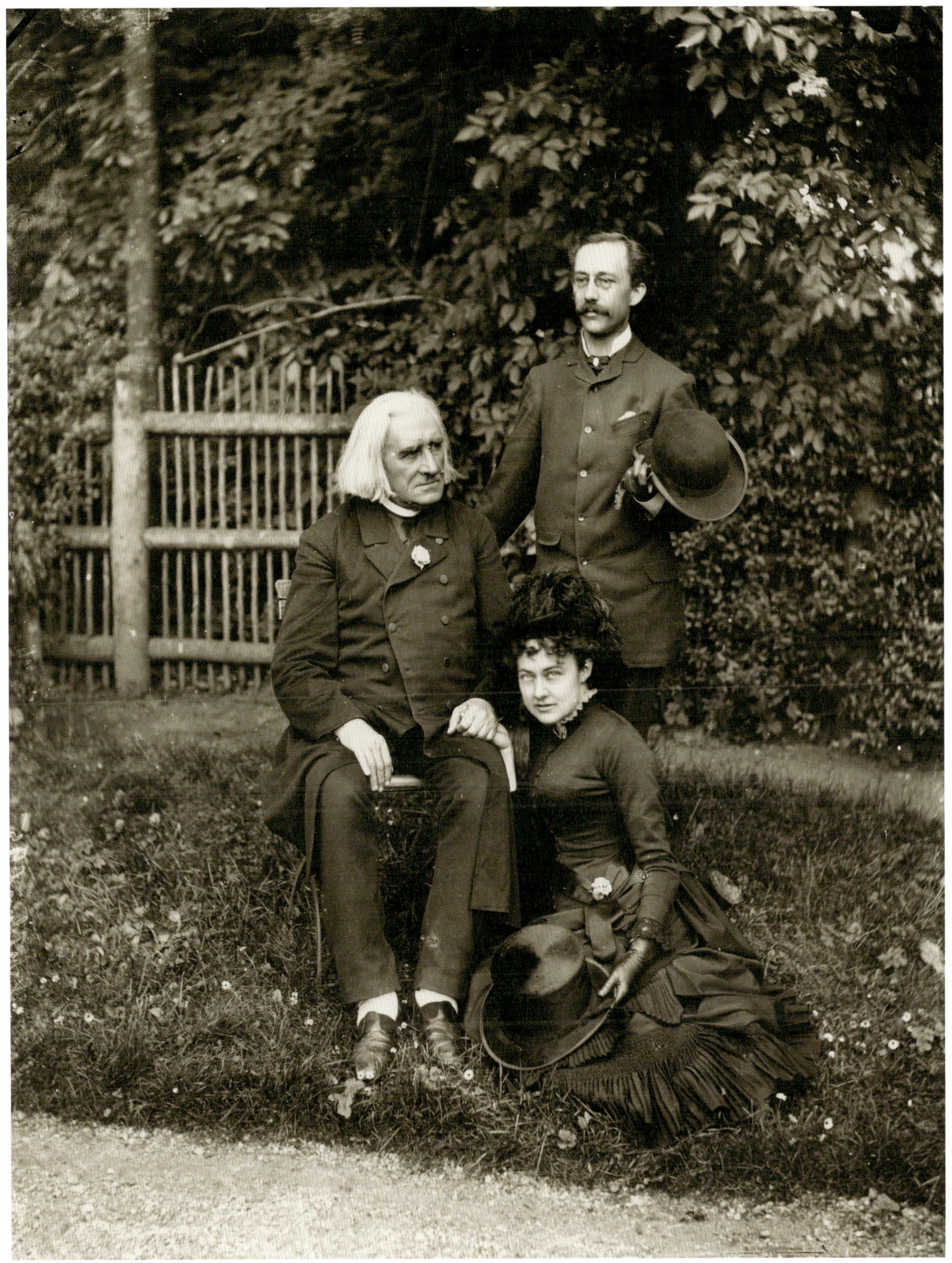

92

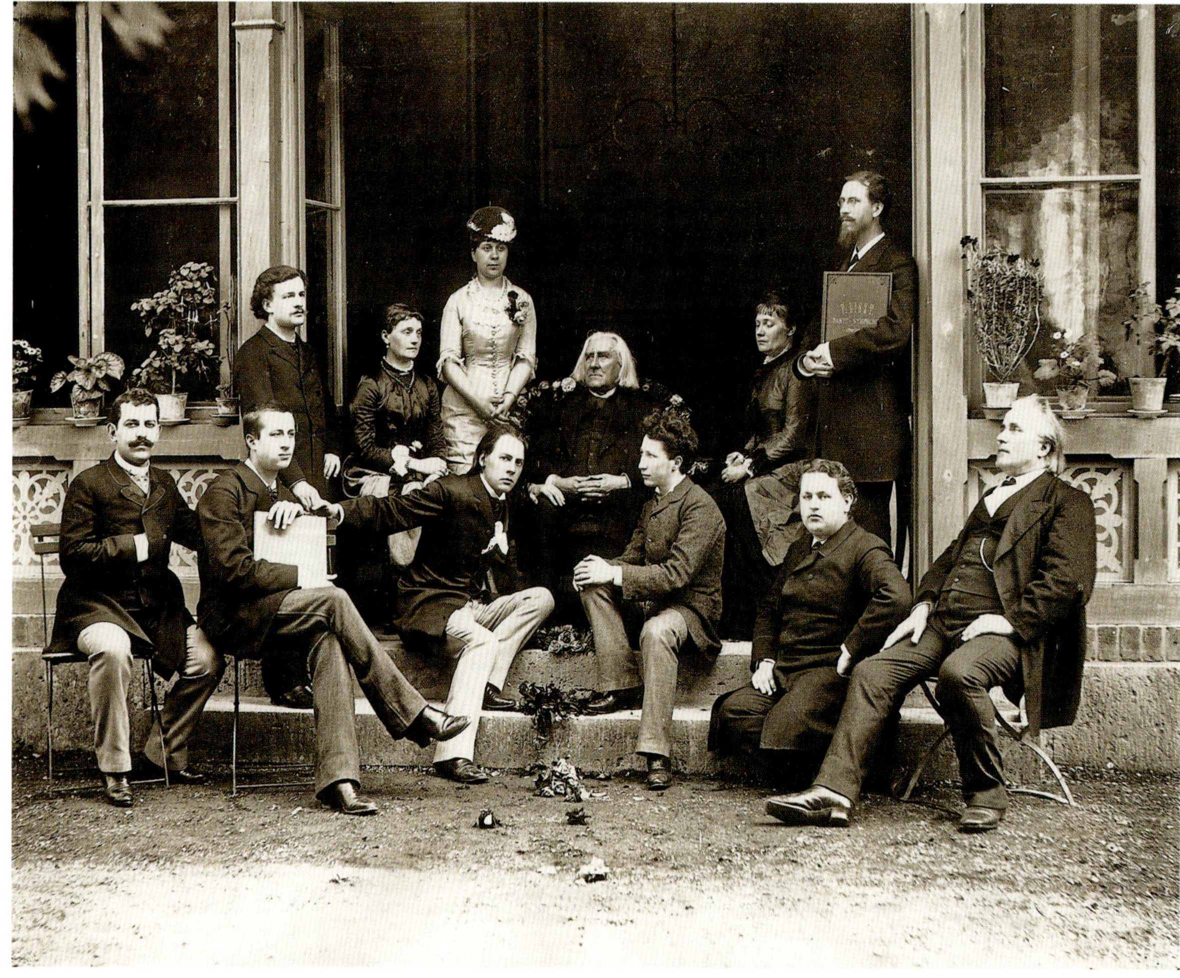

93

93
Louis Held, Weimar, Oktober 1884.

Liszt, umgeben von seinen Schülern. Obere Reihe, von links: Moriz Rosenthal, Viktoria Drewing, Mele Paraninoff, Franz Liszt, Annette Hempel-Friedheim (Arthur Friedheims Mutter), Hugo Mansfeld.

Untere Reihe, von links: Saul »Sally« Liebling, Alexander Siloti, Arthur Friedheim, Emil Sauer, Alfred Reisenauer, Alexander Wilhelm Gottschalg.

Die Aufnahme wurde anlässlich Liszts 73. Geburtstag (22. Oktober 1884) angefertigt. Die Größe der Originalplatte beträgt 23×28 cm.

94
Louis Held, Weimar, Herbst 1884.

Liszt und sein Schüler Alexander Siloti.

Siloti: »Im Herbst 1884 teilte ich Liszt mit, dass ich mich photographieren lassen möchte, um mein Bild nach Russland zu senden. Er sagte, dass er sich mit mir abnehmen lassen würde und dass diese Gruppe ›eine schöne Erinnerung‹ für mich bleiben würde. Bemerkenswert ist, dass Liszt in allem einen besonderen Sinn fand: Bei der Aufnahme wollte ich, dass Liszt auf einem Stuhl und ich auf dem Boden zu seinen Füßen säße; er erlaubte das aber nicht mit der Erklärung, dass er alt wäre, alles gesagt hätte und sitzen könnte, aber dass ich noch jung wäre und mein ganzes Leben vor mir liege, deshalb müsste ich stehen, um bereit zu sein, vorwärts zu gehen.«

Dem Originalnegativ, einer Glasplatte mit den Maßen 18×24 cm, fehlt die linke untere Ecke.

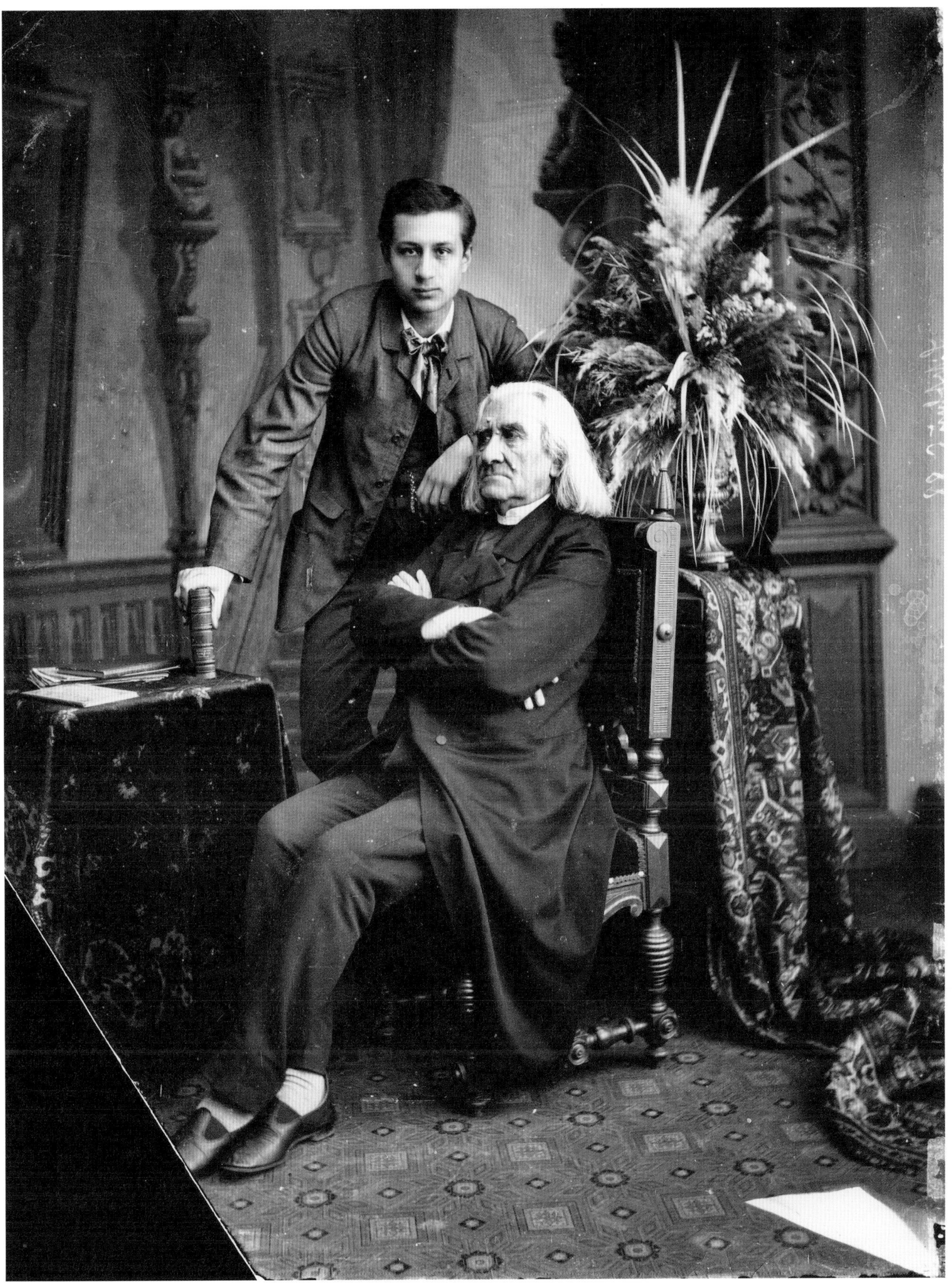

94

1885

Nachdem Liszt den Januar in Rom verbracht hat, hält er sich anschließend bis zum 13. April in Budapest auf. Im März und April ist er einige Tage Gast des Fürstprimas Simor in Gran und Kardinal Haynalds in Kalocsa. In Preßburg besucht er am 13. April ein Konzert Anton Rubinsteins, der auf die Bemerkung, dass die Stadt nun die beiden größten Pianisten in ihren Mauern beherberge, erwidert: »Das kann ich nicht annehmen. Ich und meinesgleichen sind doch alle nur gemeine Soldaten gegenüber dem Feldmarschall Franz Liszt.« Vom 19. April bis Mitte Oktober ist Liszt in Weimar und reist von dort zu Aufführungen seiner Werke nach Mannheim, Karlsruhe und Straßburg, Antwerpen, Brüssel, Aachen und Leipzig. Über München (16. bis 18. Oktober) fährt er drei Tage zu Sophie Menter nach Schloss Itter, an seinem Geburtstag wird er in Innsbruck geehrt. Schließlich lebt er vom 25. Oktober bis zum 21. Januar 1886 wieder in Rom. Vom 14. bis zum 16. November besucht er das letzte Mal die Villa d'Este.

Hauptwerke 1885 *Historische ungarische Bildnisse, Ungarische Rhapsodie Nr. 18, 4. Mephistowalzer, Bagatelle sans tonalité* (Klavierstücke), *Pax vobiscum, Salve Regina* (Chorwerke).

95
Louis Held, Weimar, Sommer 1885.

Die Photographien Abb. 95 und 101 sind fast im Stil der (später entstandenen) Aufnahmen Nadars (vgl. S. 100–103) und stehen ihnen an Ausdruckskraft kaum nach. Wie Nadar modellierte auch Held seine Portraits aus der Tiefe heraus und hatte ein Gespür für Beleuchtung, für das innere Erfassen der Persönlichkeit.

Die Glasnegative zu den Aufnahmen Abb. 95, 101 und 102 haben das Format 33 × 39 cm.

96
Louis Held, Weimar, 1885.

97
Henri Le Lieure, Rom, 1885 oder 1886.

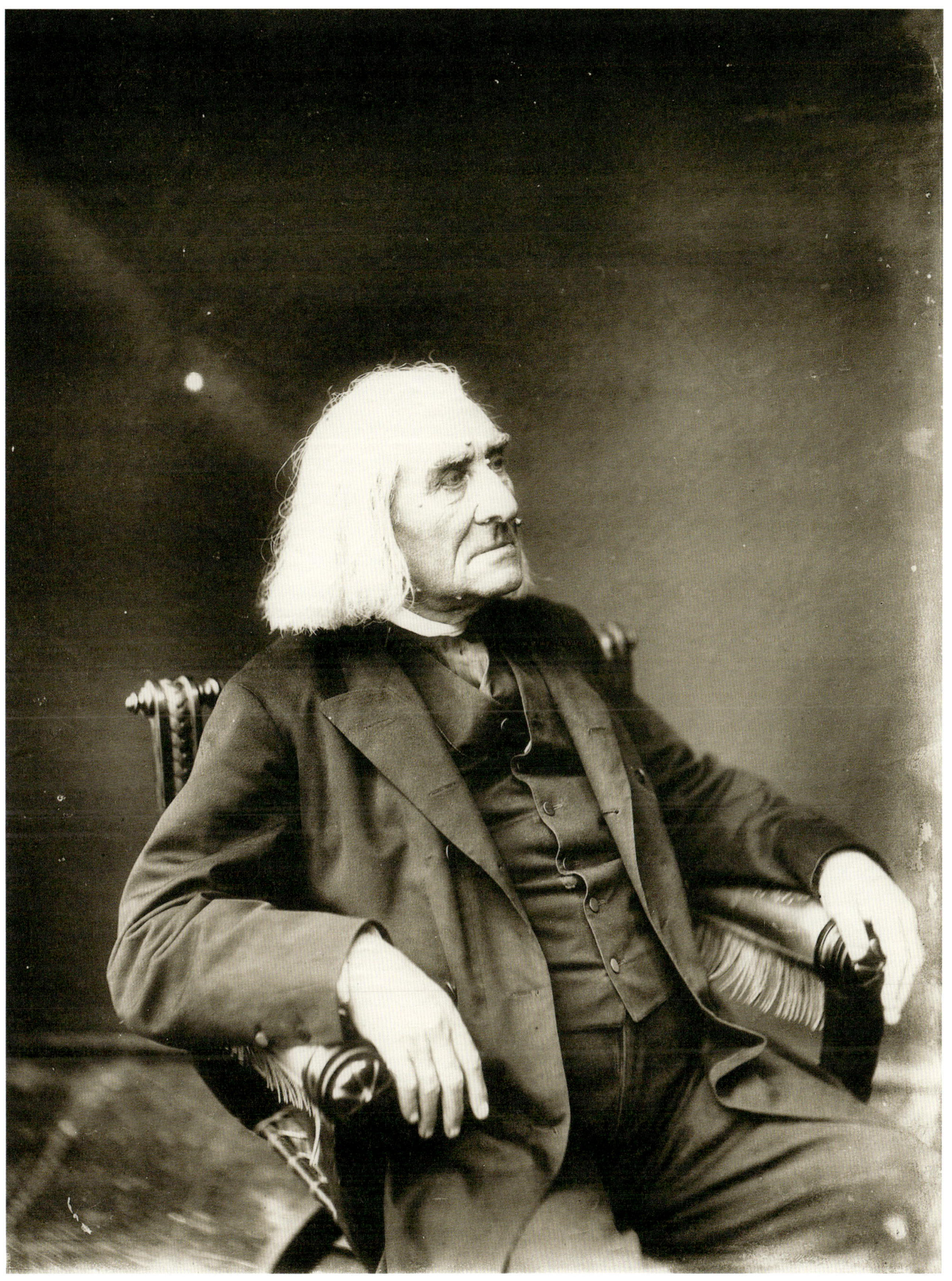

95

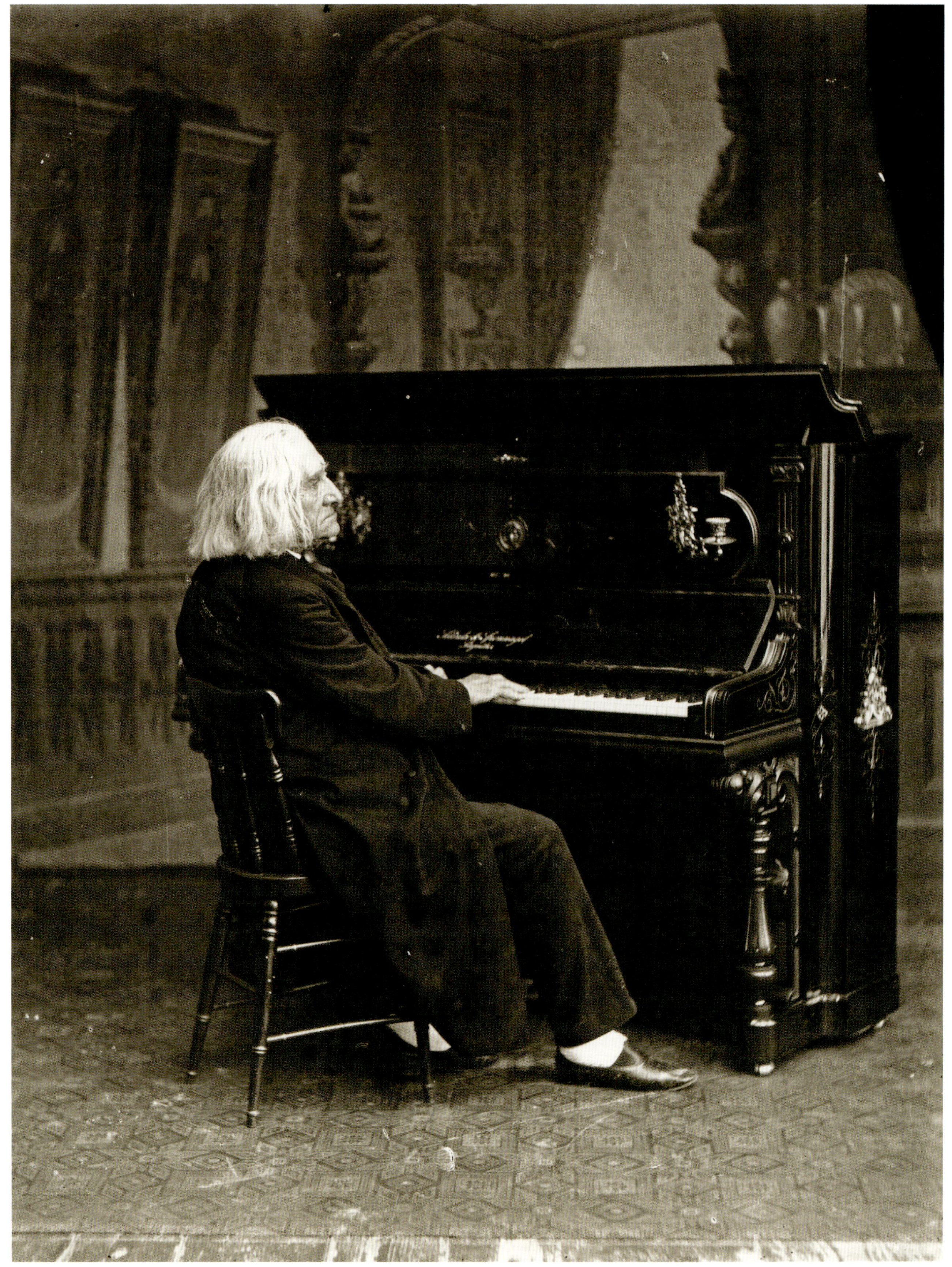

96

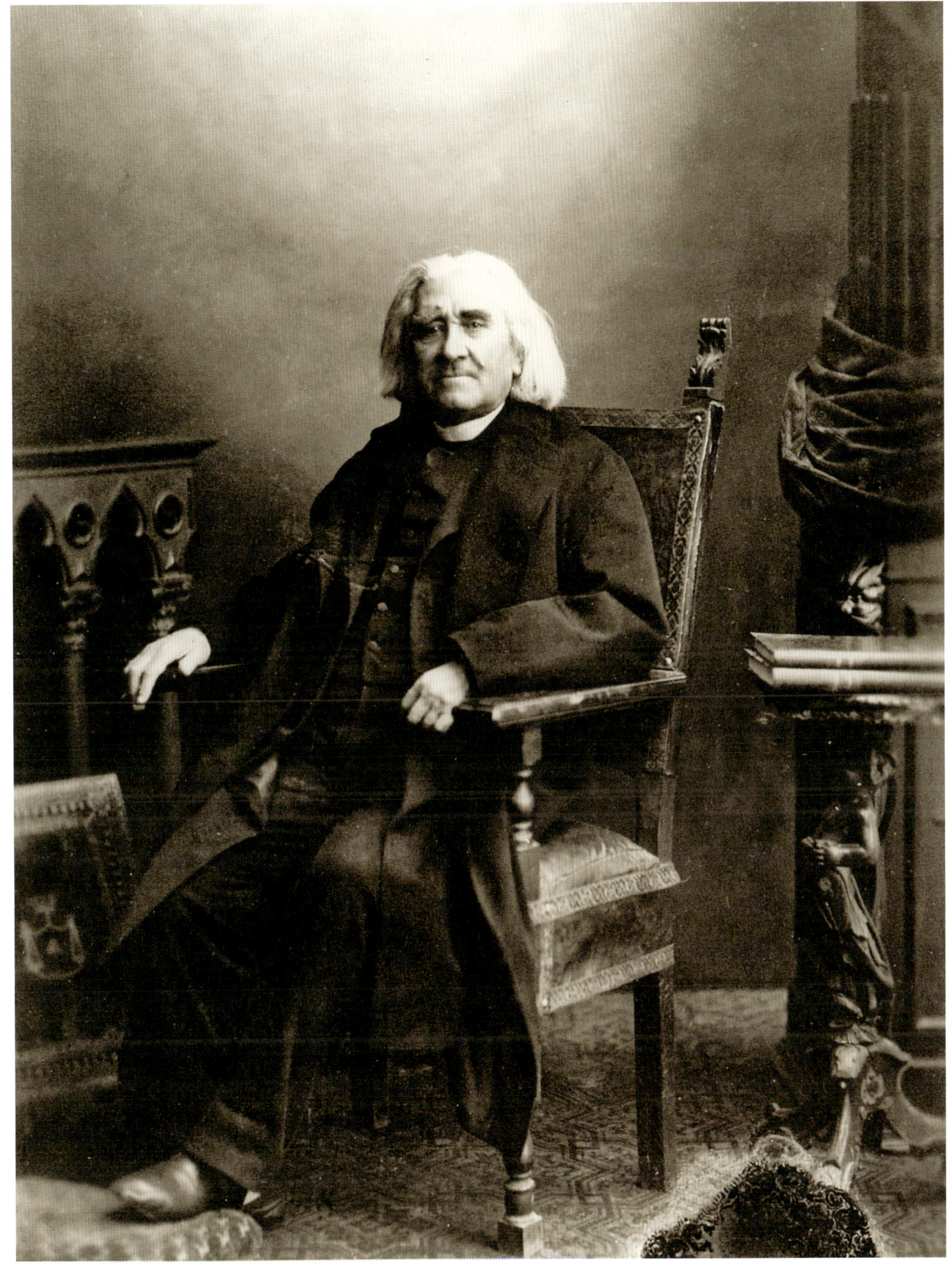

97

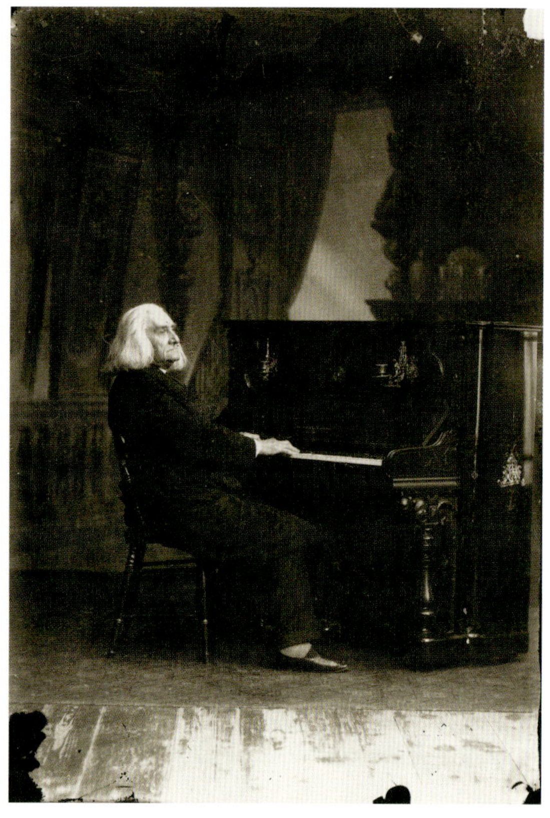
98

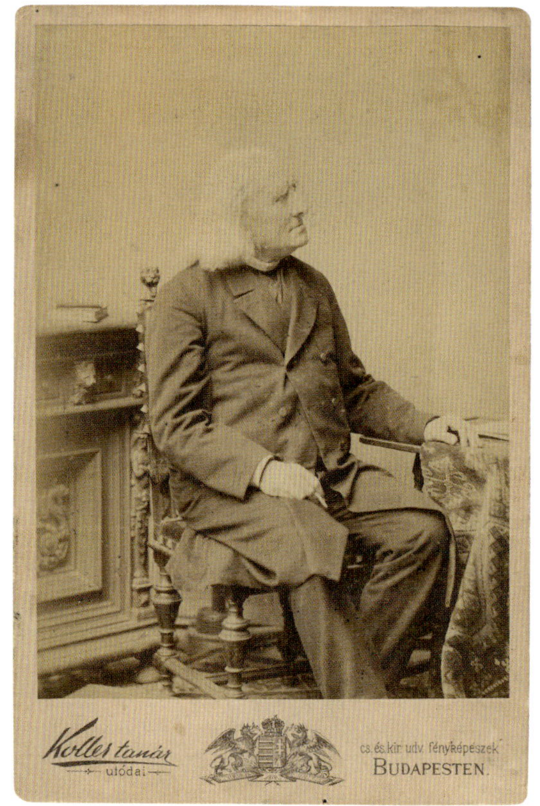

99

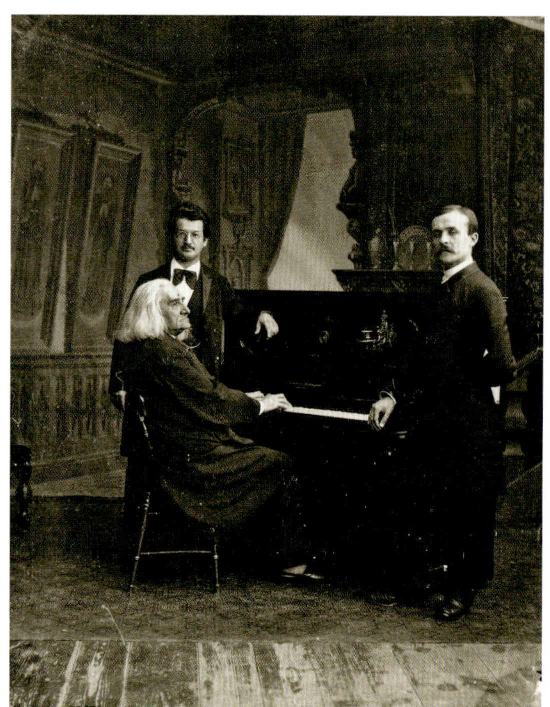
100

98
Louis Held, Weimar, Sommer 1885.

99
Károly Koller, Budapest, 1885.

100
Louis Held, Weimar, 1885.

Hinter Liszt ein Herr namens Brodkorb (nach anderen Angaben handelt es sich um Moriz Rosenthal, vgl. Abb 93), im Vordergrund Albert Morris Bagby.

101
Louis Held, Weimar, Juli 1885.

102, 103, 104, 105, 106 (S. 96, 97)
Louis Held, Weimar, Juli 1885.

Liszt-Schüler August Göllerich: »Einen unvergesslichen Genuss bot der 20. Juli 1885, da Liszt mit der nachmalig so unglücklichen Geigenspielerin Arma Senkrah [sie beging einige Jahre später Selbstmord] die ›Kreutzer-Sonate‹ Beethovens fast auswendig spielte, einen noch intimeren der Vormittag des 31. Juli, als er mit derselben Künstlerin beim Hofphotographen Held die *F-Dur-Sonate* [die sogenannte ›Frühlingssonate‹] vortrug.«

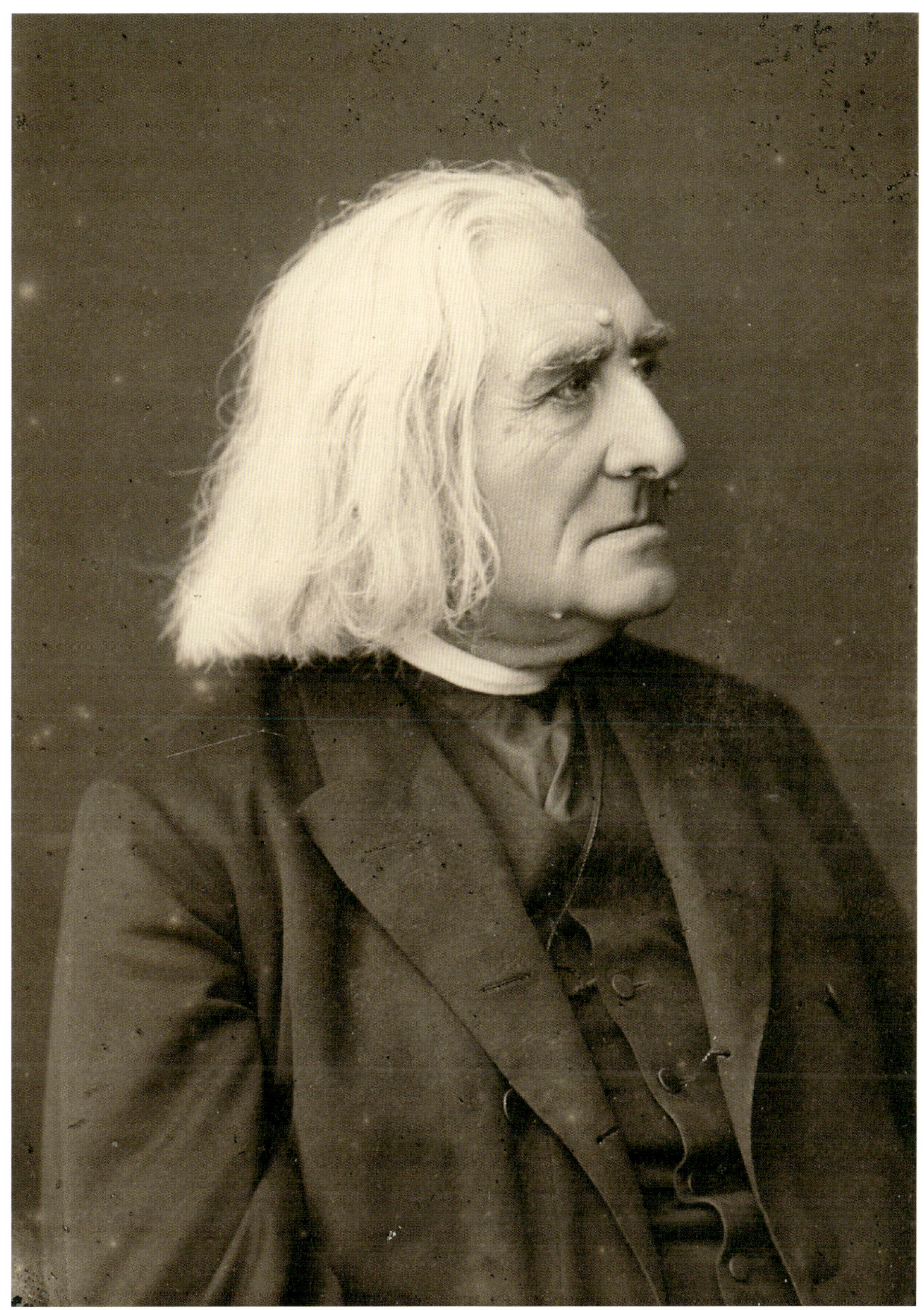

101

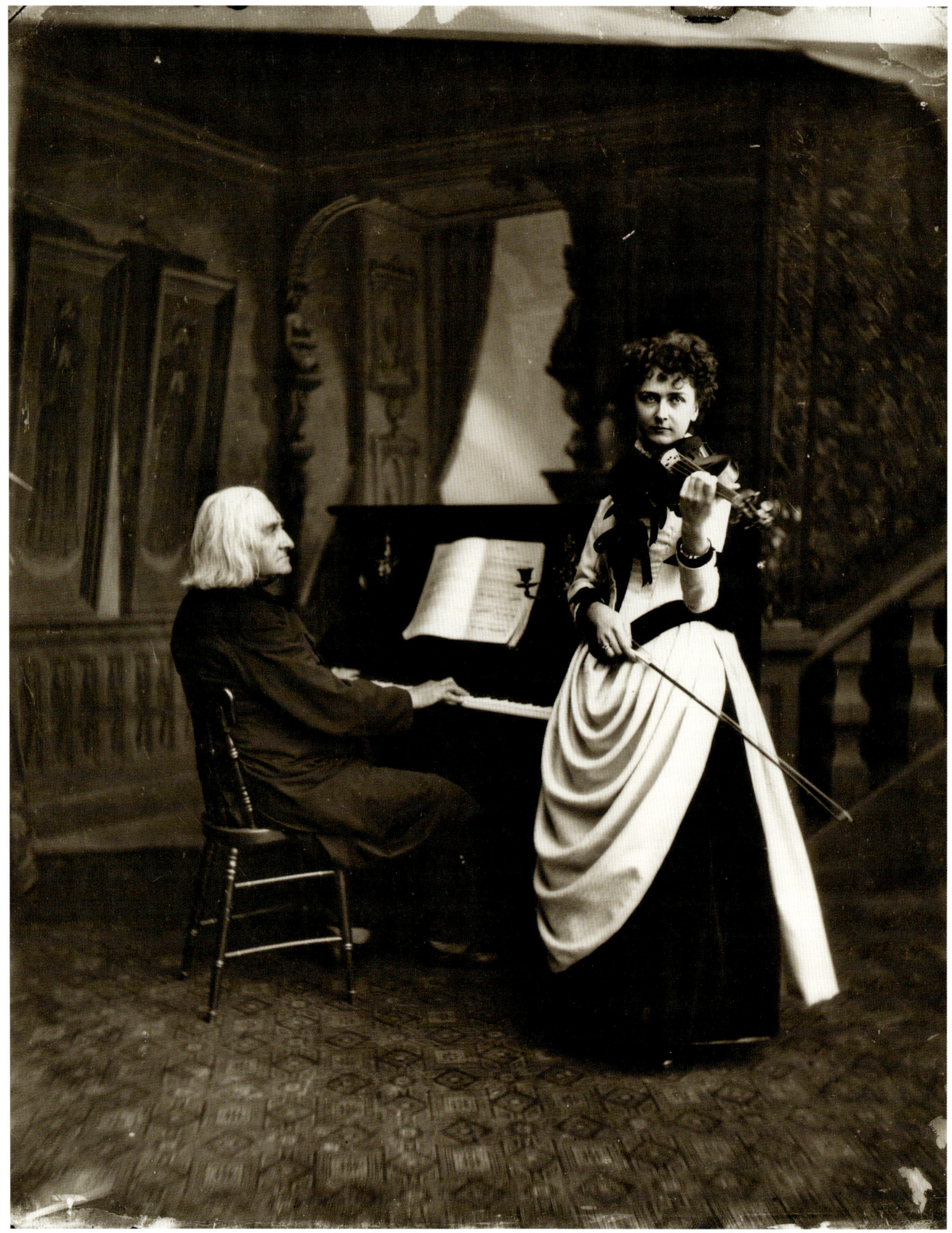

102

103 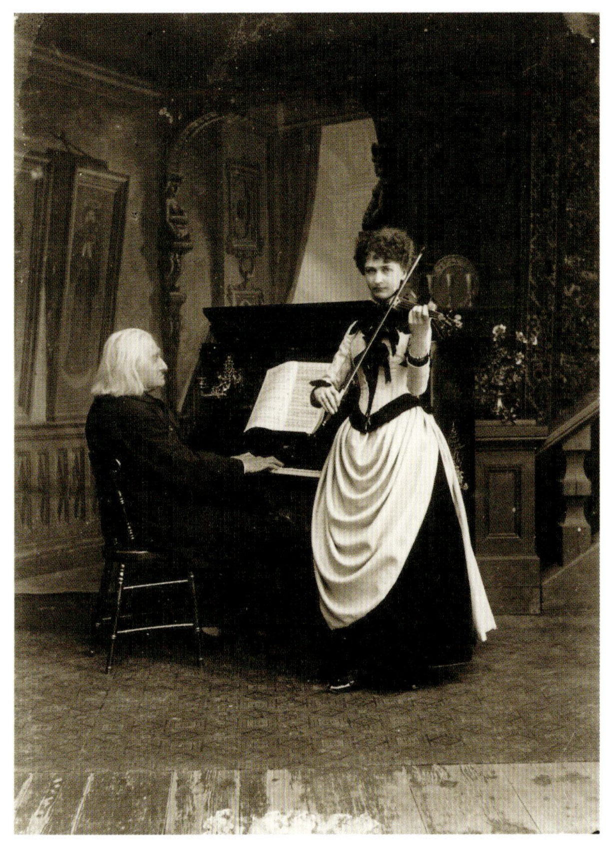

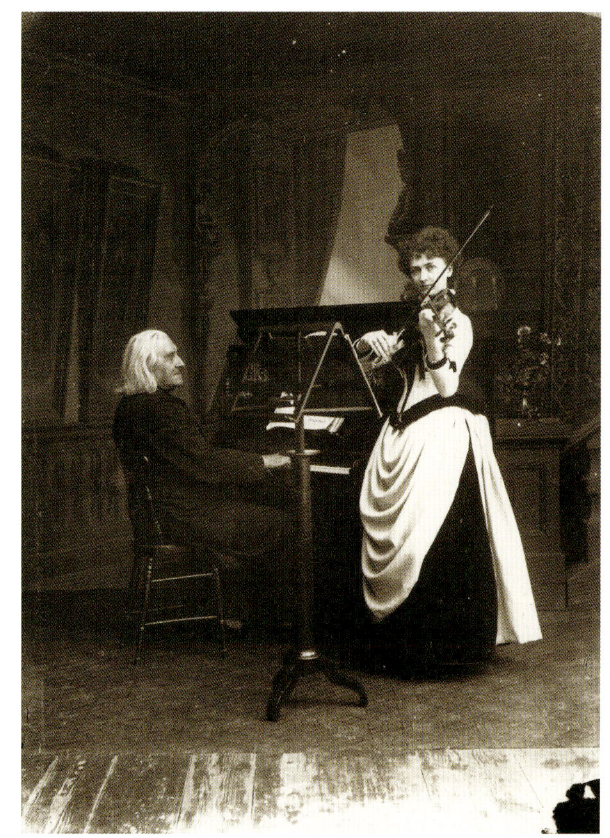 104

105 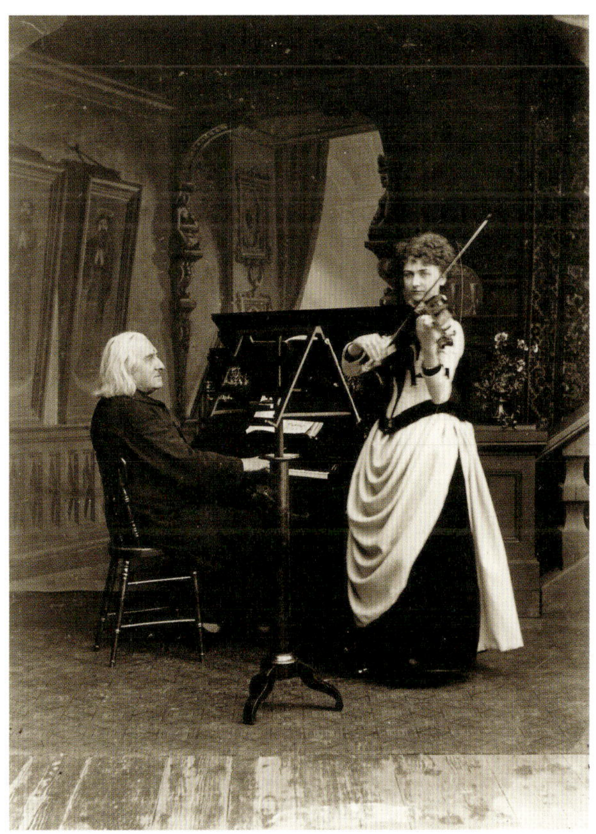

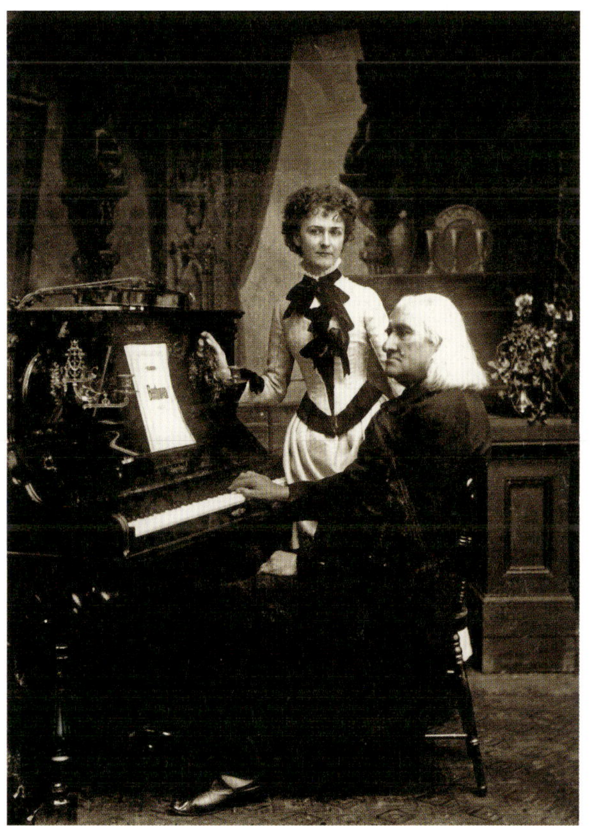 106

1886

Am Neujahrstag begrüßt Liszt in Rom seine Schüler: »Ein böses Jahr! Es beginnt mit einem Freitag und auch mein Geburtstag fällt auf einen Freitag«, Liszt betrachtete den Freitag als seinen Unglückstag. Am 21. Januar verlässt er Rom. Nun beginnt für den fast erblindeten Liszt eine wahre Tour de force: Budapest (bis 11. März), Wien, Lüttich (16. bis 18. März), Antwerpen, Paris (20. März bis 3. April), London (3. bis 18. April), wieder Antwerpen und Brüssel (20. bis 27. April) und erneut Paris (28. April bis 15. Mai), wo u. a. *die Legende von der heiligen Elisabeth* im 7000 Zuhörer umfassenden Trocadero-Saal aufgeführt wird. Überall werden ihm große Ehrungen zuteil, und auch seine Werke werden ungewohnt freundlich aufgenommen. Am 17. Mai kommt er erschöpft nach Weimar. Abgesehen von gelegentlichen Arbeiten an der *Legende vom heiligen Stanislaus* kann er nicht mehr komponieren. Am 1. Juni werden in Halle schwere Starerkrankung und Wassersucht diagnostiziert. Vom 2. bis zum 6. Juni ist Liszt auf der Tonkünstlerversammlung in Sondershausen. Vom 1. bis zum 4. Juli ist er bei der Vermählung seiner Enkelin Daniela in Bayreuth, vom 6. bis zum 19. Juli in Colpach (Luxemburg). Zu Liszts letzten Tagen: siehe S. 108.

107
Benque & Co, Paris, März oder Mai 1886.

Der photographische Betrieb Benque & Co befand sich in der Rue Boissy-d'Anglas N° 33.

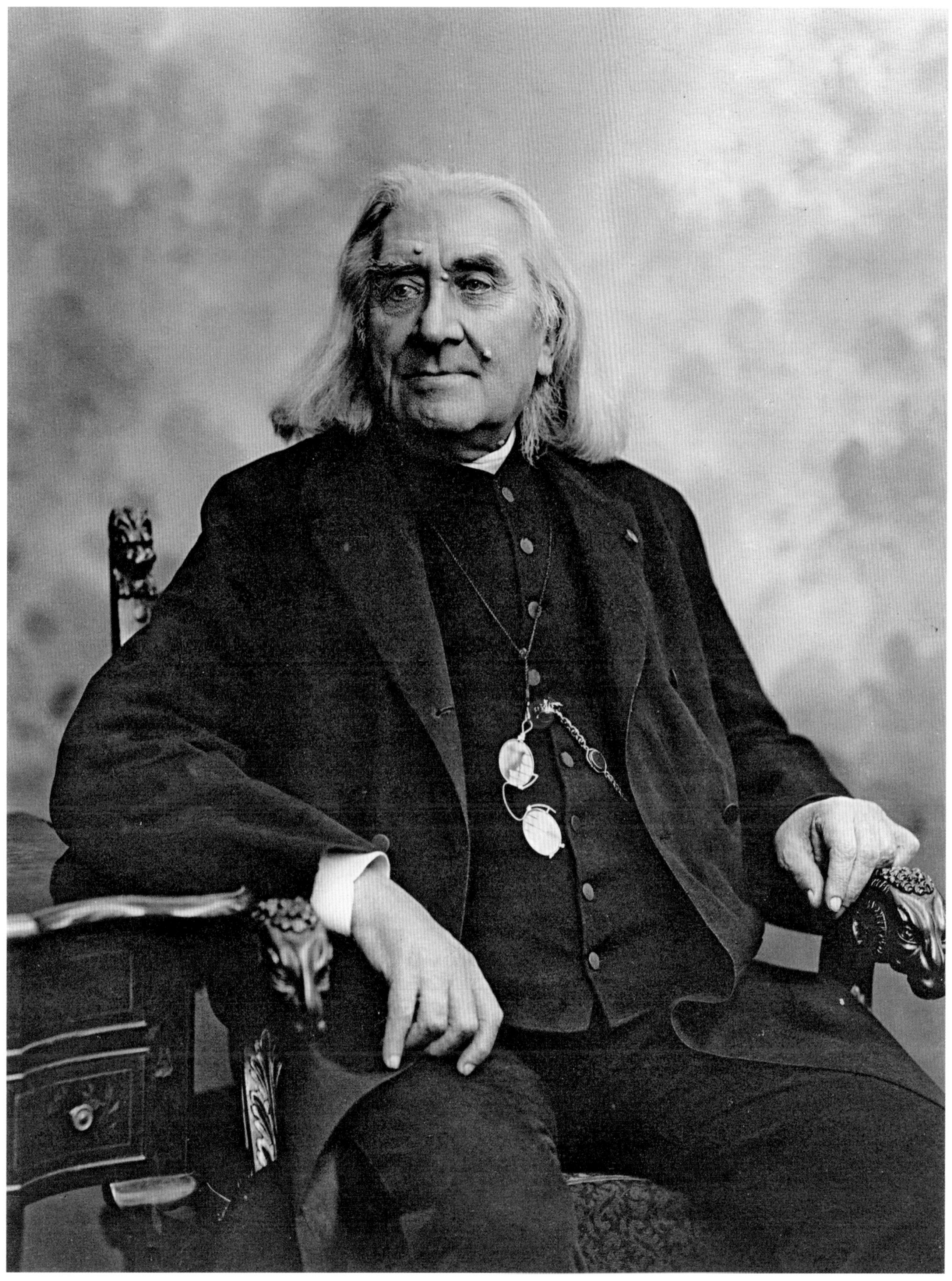

107

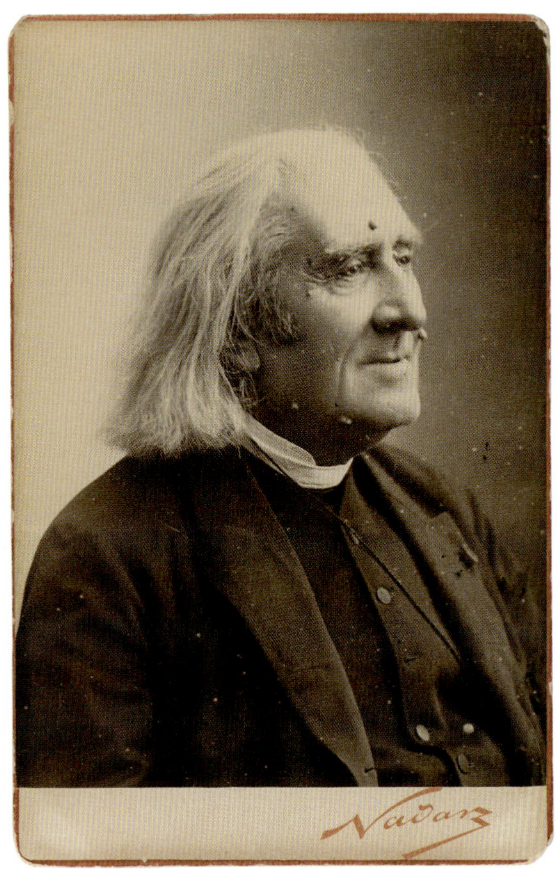

108

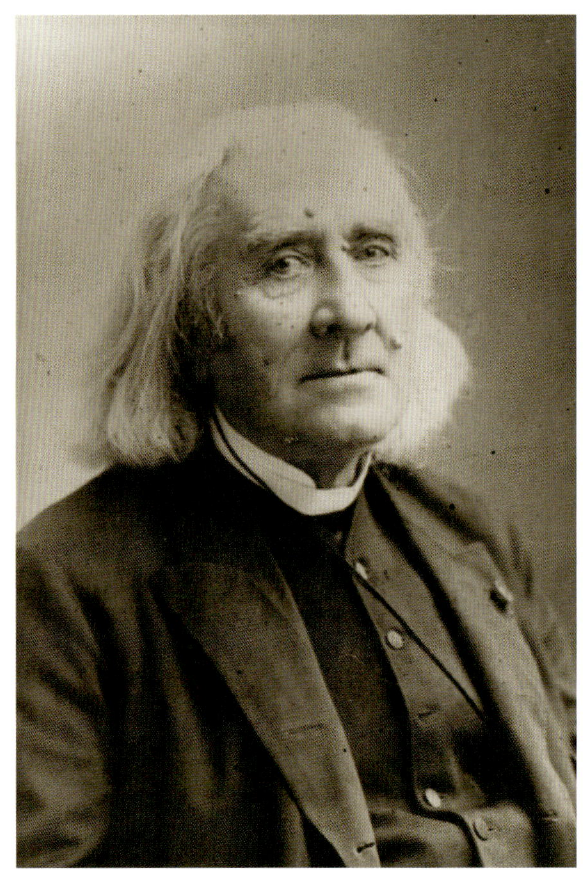
109

108, 109, 110, 111, 112, 113, 114 (S. 102), 115 (S. 103).
Nadar, Paris, März 1886.

Gapard-Félix Tournachon (1820–1910) nannte sich seit etwa 1840 »Nadar«. Er war als Journalist und Karikaturist tätig, ehe er sich 1852 der Photographie zuwandte. Sein erstes Atelier war in der Rue Saint-Lazare N° 113, später zog er an den Boulevard des Capucines N° 35 und ließ sich schließlich 1872 im Eckhaus Rue d'Anjou/Rue des Mathurins nieder. (Seine Räume am Boulevard des Capucines gingen in die Geschichte der Kunst ein: Claude Monet schrieb begeistert: »Nadar, der große Nadar, dessen Hilfsbereitschaft keine Grenzen kennt, hat uns seine Räume überlassen […]«) Schon damals nannte man ihn den »König der Photographen« (Léon Daudet) und heute gilt Nadar als der bedeutendste und bekannteste Photograph des 19. Jahrhunderts.

1886 übernahm sein Sohn Paul (1856–1939) das Geschäft, und die Signatur »P. Nadar« auf einigen Glasnegativen deutet darauf hin, dass es Paul Nadar war, der Liszt im März 1886 photographierte, möglicherweise in Anwesenheit seines Vaters.

Abb. 114 und 115 sind etwa in Originalgröße der Plattenformate abgebildet, die Nadar für seine Großportraits benutzte (21 × 27 cm).

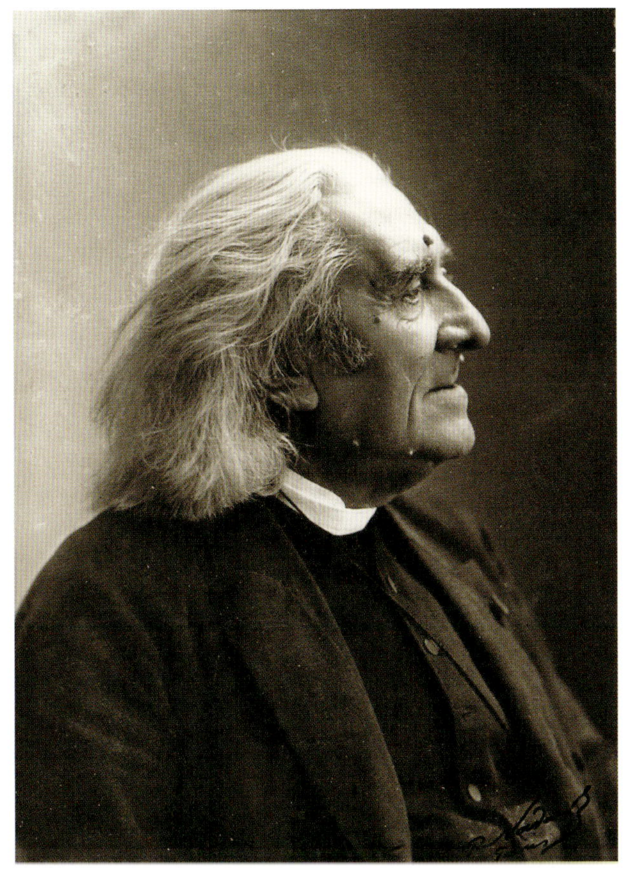
110

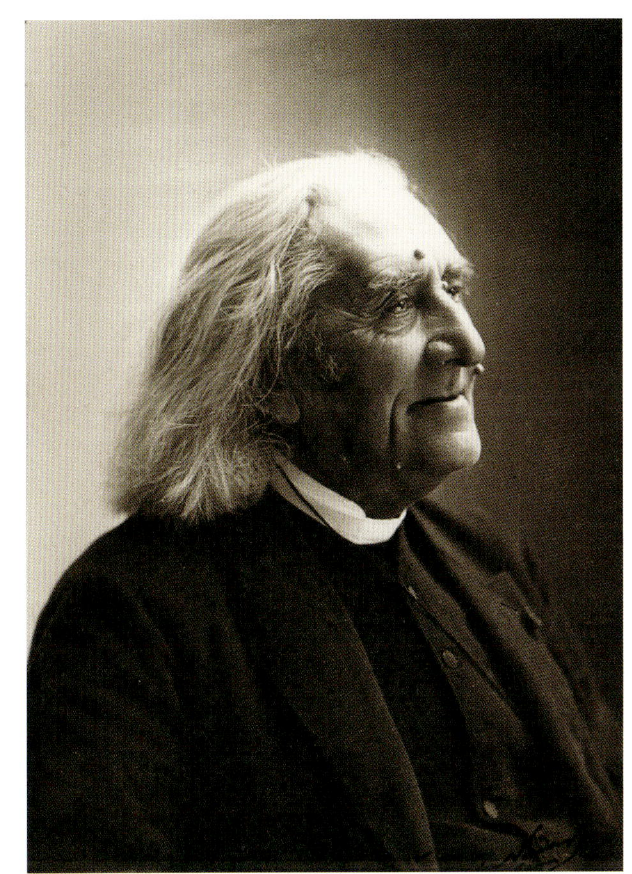
111

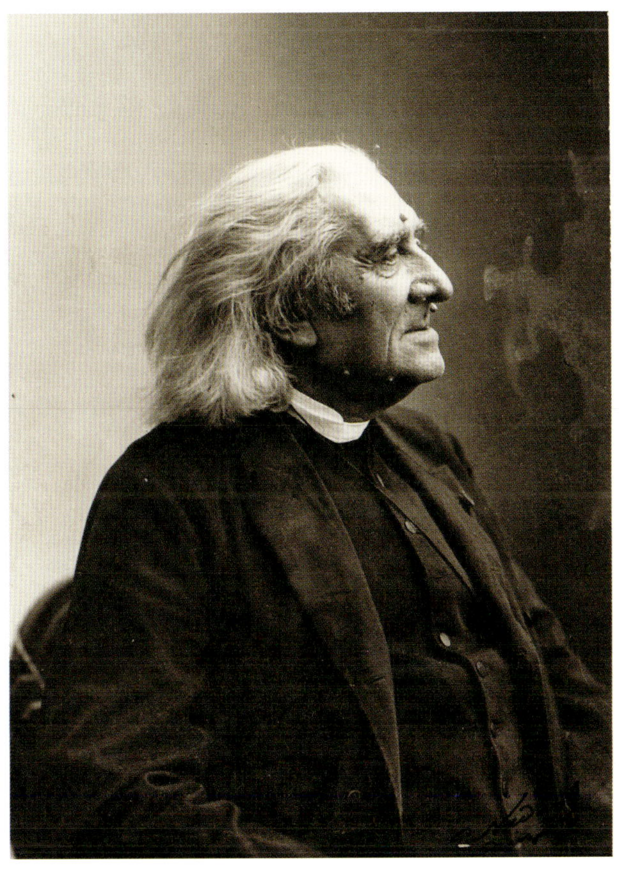
112

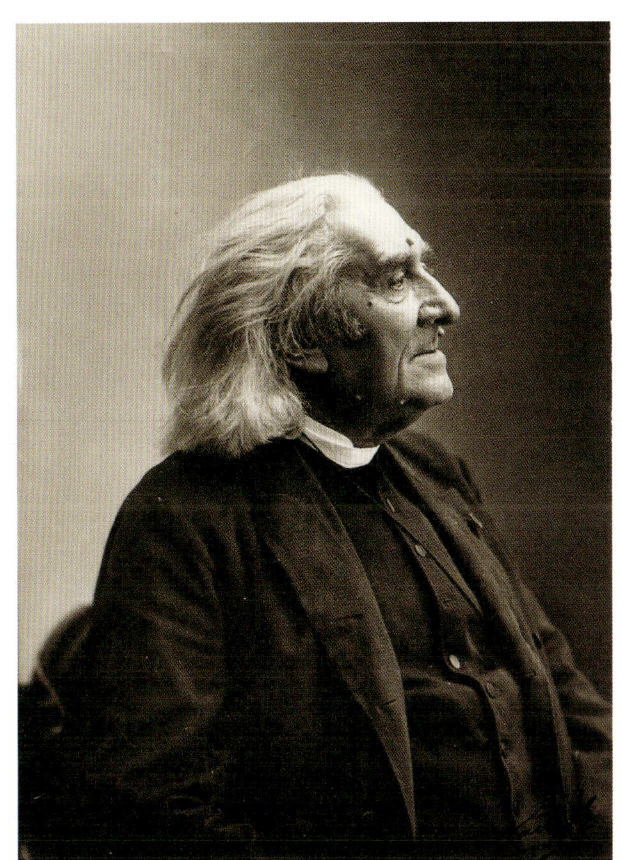
113

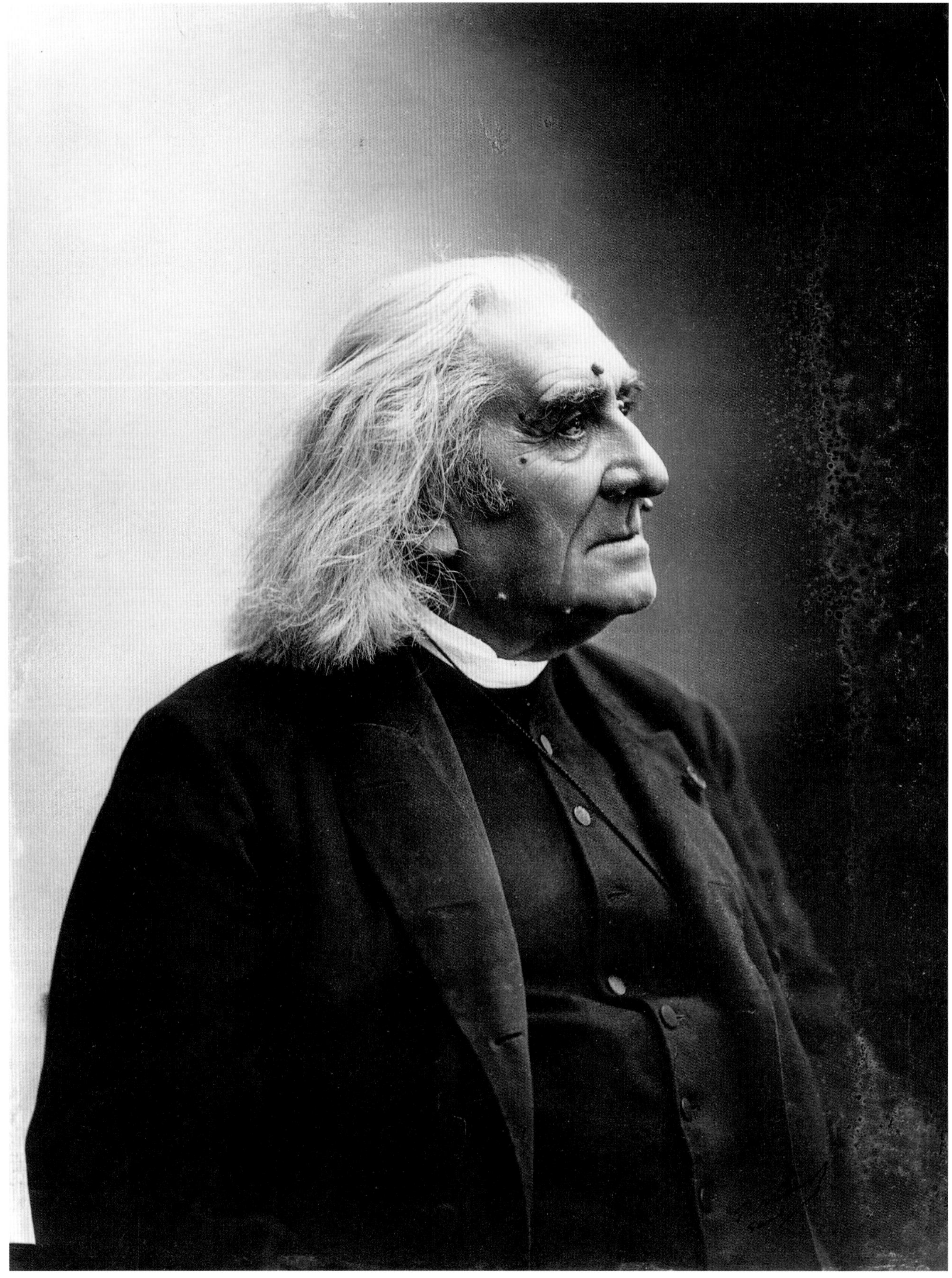

114

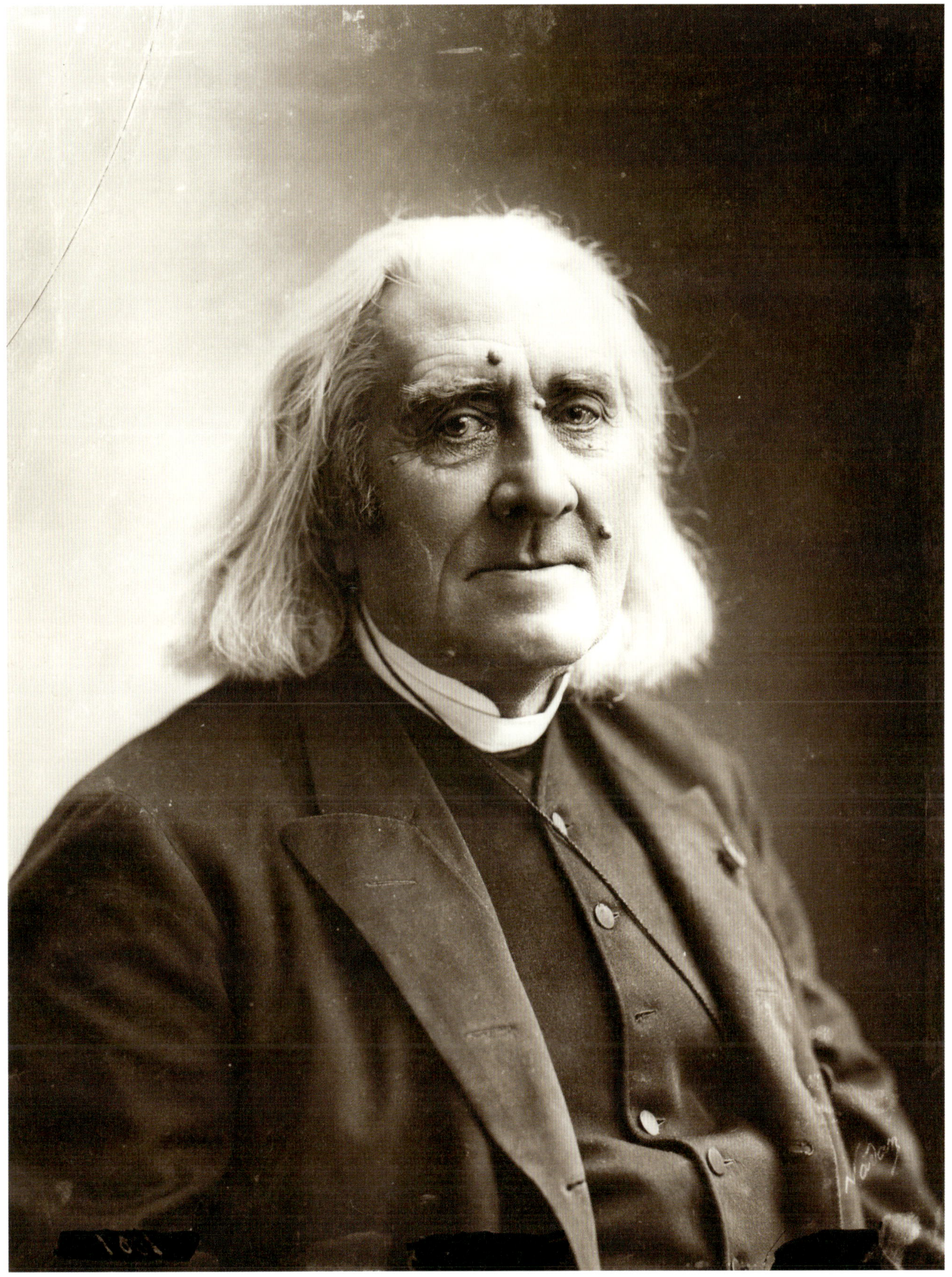

115

DER MUSIKKRITIKER EDUARD HANSLICK ÜBER LISZTS POPULARITÄT

»Es ist etwas Schönes, Rührendes um die Huldigungen, die einem berühmten Meister in seinem Greisenalter dargebracht werden; und wem sollte man sie herzlicher gönnen als dem immer liebenswürdigen, wohlwollenden und großmütigen Liszt! Eine Regung von Mitleid mischt sich aber doch ein, sieht man den alten Herrn von früh bis abends umringt, belagert, angewundert und jede Nacht in drei oder vier Soiréen herumgeschleppt. Außer Mitleid auch ein bisschen Zorn über die unbarmherzigen Anbeter, Verleger, Virtuosen, welche Liszts Güte missbrauchen und für sich ausnützen. ›Wer ist der junge Mann‹, fragte ich, ›der auf ein und derselben Photographie mit Liszt in allen Schaufenstern prangt?‹ ›Ein Klavierspieler Mr. B [Emil Bach, vgl. Abb. 116]‹, belehrt man mich – er nennt sich auch Chevalier B. – der, eigenen Ruhmes bar, sich jetzt von der Glorie Liszts photographisch bescheinen lässt. Er hatte Liszt zu einem hurtig veranstalteten Konzert eingeladen und auf die Anschlagszettel drucken lassen, Liszt werde anwesend sein. Durch alle Straßen marschierten die sogenannten ›Sandwiches‹ mit ihren großen Ankündigungstafeln auf Brust und Rücken und verkündigten dem Volke: Liszt wird anwesend sein! Natürlich füllte sich der Saal zum Brechen mit einer Menge Menschen, welche nicht den Chevalier B. hören sondern Liszt sehen wollten. Sie gaben sich aber mit dem Sehen nicht zufrieden, sondern riefen und tobten: ›Liszt, Liszt soll spielen!‹ Liszt wollte jedoch in dieser unartigen Volksstimme nicht Gottes Stimme erkennen und ging etwas herabgemustert nach Hause. Wie groß musste sein Erstaunen sein, als anderen Tages Chevalier B. abermals anfragte, ob der Meister nicht auch noch ein zweites Konzert mit seiner Gegenwart, d. h. die Anschlagszettel mit seinem Namen herausputzen möchte. Das soll denn doch die apostolische Geduld Liszts erschöpft haben. Die neue sinnreiche Reklame durch Doppelportraits dürfte übrigens noch zahlreiche Nachfolge erleben. Sie ist die berühmte Visitenkarte Schindlers mit ›Ami de Beethoven‹ ins Bildliche übersetzt und noch viel wirksamer, weil Behauptung und Beweisstück der *Amitié* zugleich. Liszt in seiner Herzensgüte wird wohl noch manchem jungen Virtuosen sitzen müssen.«

Eduard Hanslick, *Musikalisches Skizzenbuch* (Berlin 1896), S. 286/287.

116, 117
W. & D. Downey, London, April 1886.

Liszt mit seinem Schüler Emil Bach. Die Aufnahmen entstanden in Downeys Studio, 57 & 61 Ebury Street.

118
Elliott & Fry, London, April 1886.

Die Photographen James Elliott und Samuel Fry unterhielten in der Baker Street 55 & 56 ein Studio.

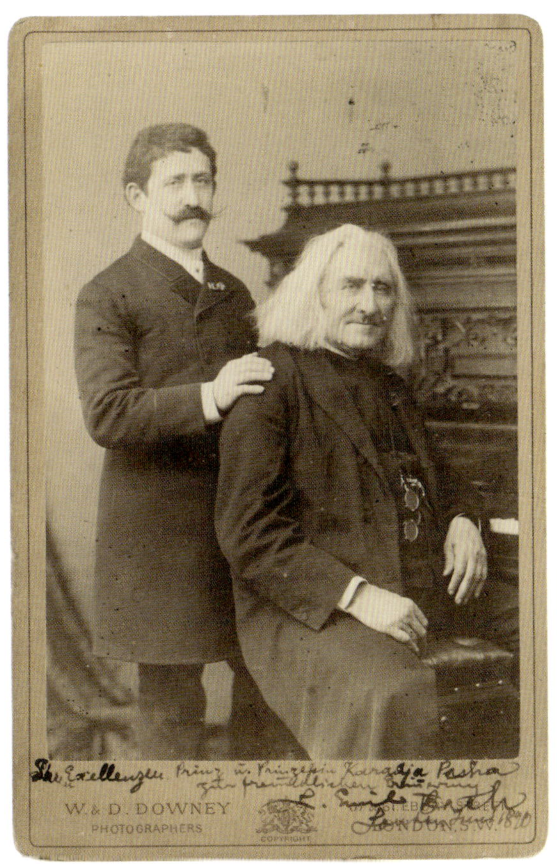

116

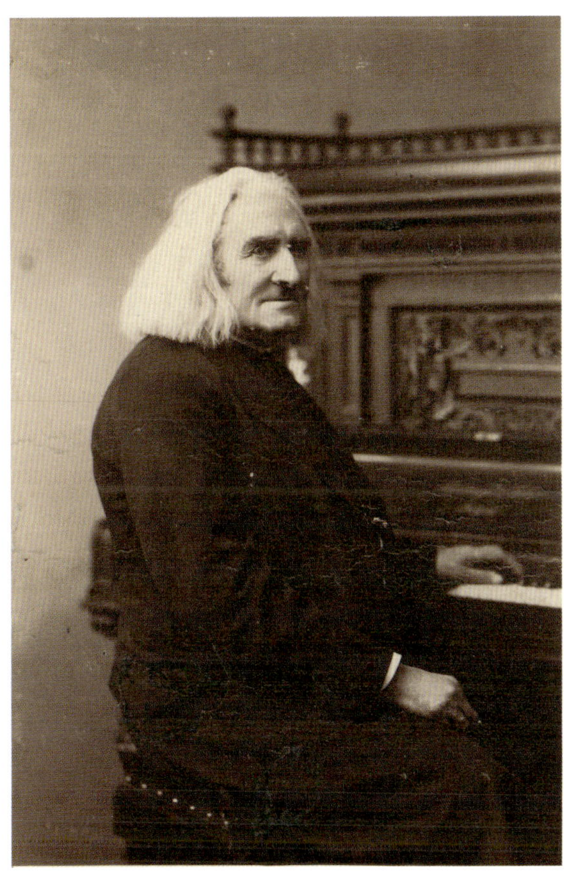

117

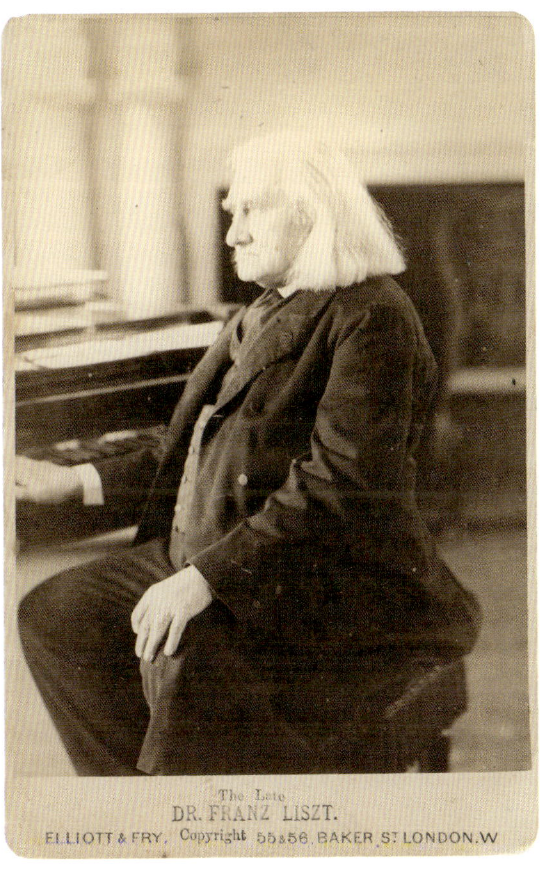

118

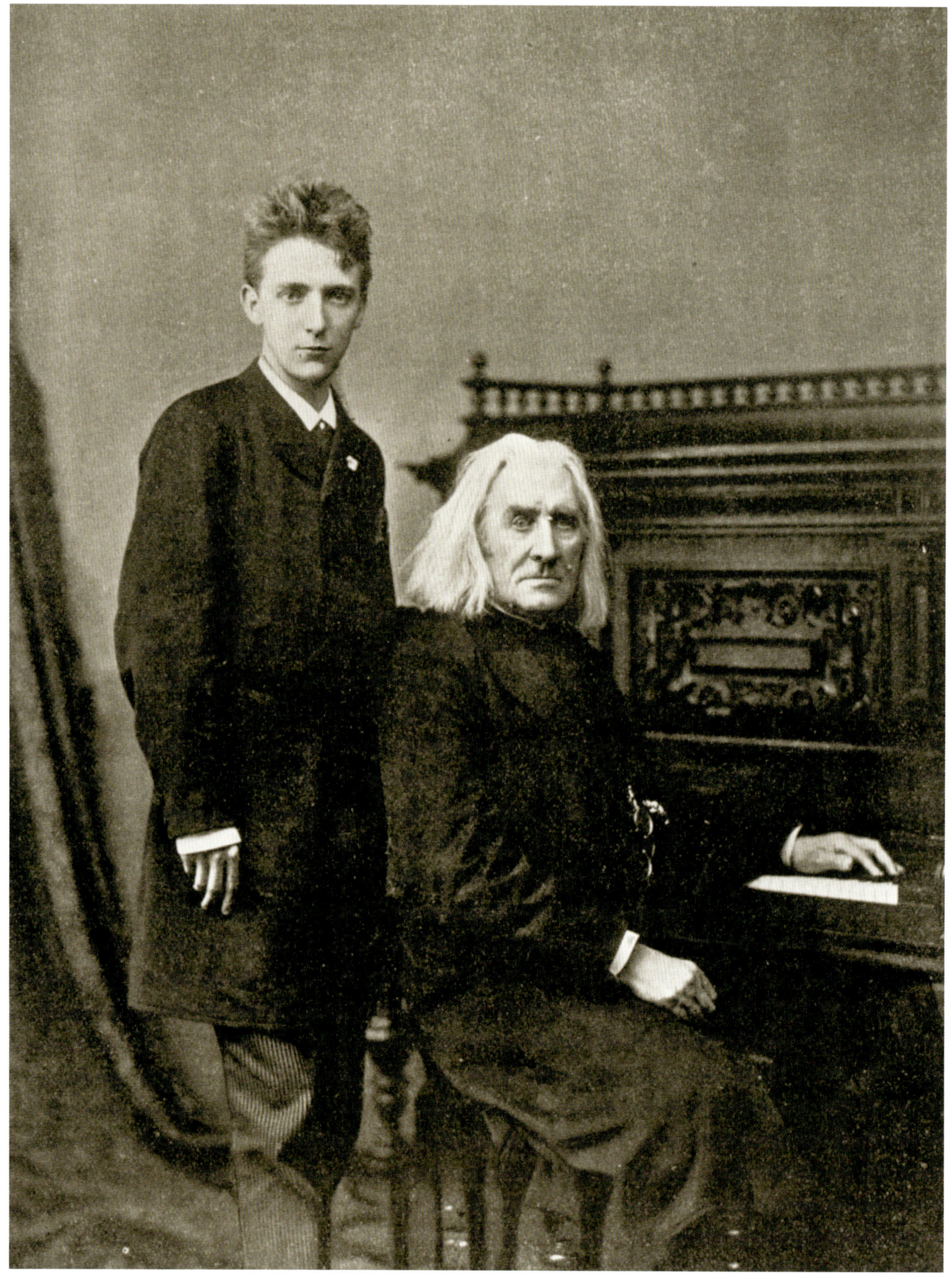

119

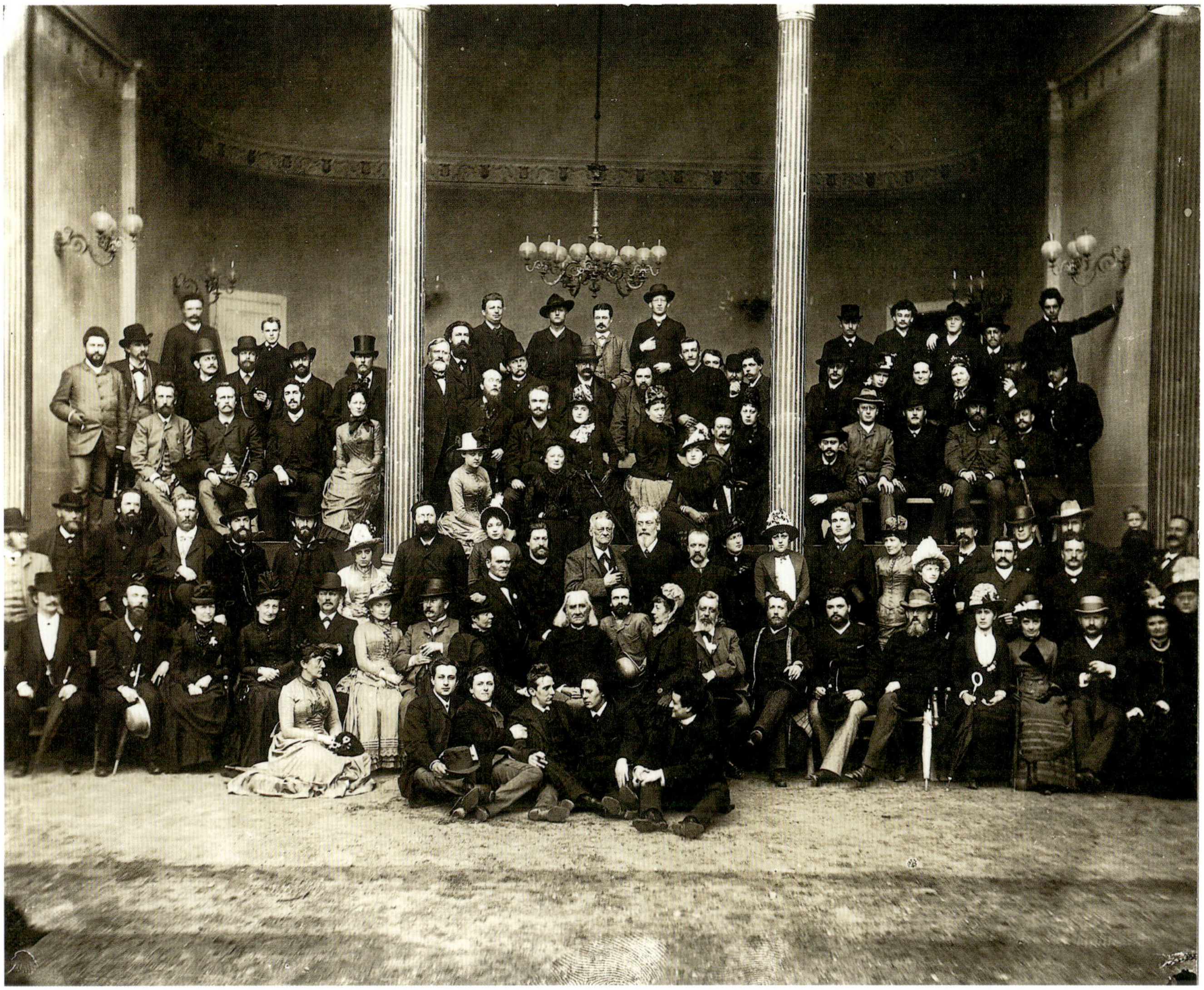

120

119
W. & D. Downey, London, 1886.
Liszt und sein Schüler Bernhard Stavenhagen.

120
Louis Held, Sondershausen, Juni 1886.
1. Paul Knüpfer, 2. Alexander Glasunow, 3. Arthur Seidl, 4. Max Grünberg, 5. Julius Klengel, 6. Frau Klengel, 7. Gunther Mahlendorf, 8. Carl Goepfart, 9. August Bieler, 10. Salomon Jadassohn, 11. Christian Friedrich Kahnt, 12. August Göllerich, 13. Carl Gille, 14. Otto Leßmann, 15. Adolf Schultze, 16. Willy Rehberg, 17. Alexander Ritter, 18. Lina Ramann, 19. Liszt, 20. Karl Hill, 21. Marianne Brandt, 22. Carl Schröder, 23. Carl Halir, 24. Martin Krause, 25. Alexander Siloti, 26. William Dayas, 27. Bernhard Stavenhagen, 28. Arthur Friedheim, 29. August Stradal, 30. Richard Metzdorff, 31. Margarethe Stern, 32. Julius Blüthner, 33. Karl Riedel.

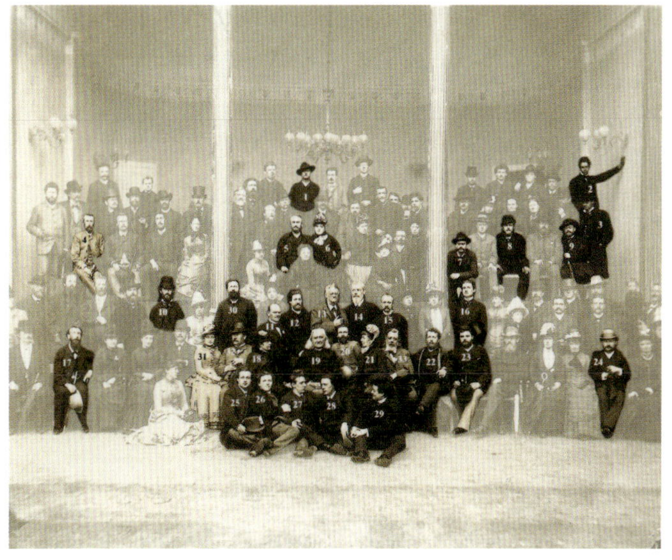

LISZTS LETZTE TAGE

Am 5. Juli 1886 trifft Liszt am Bahnhof von Luxemburg ein und erreicht am 6. Juli gegen zwei Uhr morgens Schloss Colpach, das damals im Besitz des mit Liszt befreundeten Malers Mihály Munkácsy war. In Gesellschaft der Munkácsys, des ebenfalls anwesenden Kardinals Haynald und Liszts Schülers Stavenhagen verbringt er dort die folgenden Tage. Am 19. Juli fährt er von Colpach nach Luxemburg und besucht am Abend ein Konzert im Bürgercasino. Er fühlt sich krank und hustet ständig, setzt sich jedoch auf inständigen Wunsch Frau Munkácsys an den Flügel und spielt seinen ersten *Liebestraum, Mélodies polonaises* aus *Glanes de Woronince* und seine *6. Soirée de Vienne*. Wahrscheinlich war es das letzte Mal, dass der große Pianist die Tasten eines Klaviers berührte. Am 20. Juli reist er nach der Frühmesse nach Bayreuth, wo er – bereits stark fiebernd – am 21. Juli nachmittags eintrifft. Er wohnt im Haus Wahnfriedstraße 9 (heute ein Liszt-Museum). Liszts Zustand verschlechtert sich nun von Tag zu Tag, gleichwohl besucht er am 23. und 25. Juli die *Parsifal*- und *Tristan*-Aufführungen. In den Zwischenakten schleppt er sich zur Logenbrüstung, um zu applaudieren. Am 28. Juli konstatiert der aus Erlangen herbeigerufene Dr. Fleischer eine schwere Lungenentzündung. Cosima schläft von nun an im Vorzimmer und verbringt am 31. Juli den ganzen Tag am Bett ihres Vaters. Bis halb 11 Uhr abends stöhnt Liszt laut, dann wird sein Atem fliegend. Nach zwei Einspritzungen in die Herzgegend bäumt sich sein Oberkörper mehrmals auf, schließlich fällt seine Hand kraftlos nieder. Es ist kurz vor Mitternacht, als sein Herz zu schlagen aufhört.

121
Maisy Wolff, Colpach, Juli 1886.

Die letzte Photographie Franz Liszts, aufgenommen am 19. Juli 1886, wenige Tage vor seinem Tod, von der Luxemburger Amateurphotographin Maisy Wolff. Liszt verlässt Schloss Colpach (Besitz des Malers Mihály Munkácsy) am Arm von Cécile Munkácsy, der Gattin des Malers. Es ist die einzige Photographie, die Liszt mit Zylinder zeigt und – wenn man so will – der einzige »Schnappschuss« des Komponisten.

122
Hans Brand, Bayreuth, 1. August 1886.

121

Abbé Dr. Franz Liszt
auf dem Paradebette.
Hans Brand, k. bayr. Hofphotograph, Bayreuth

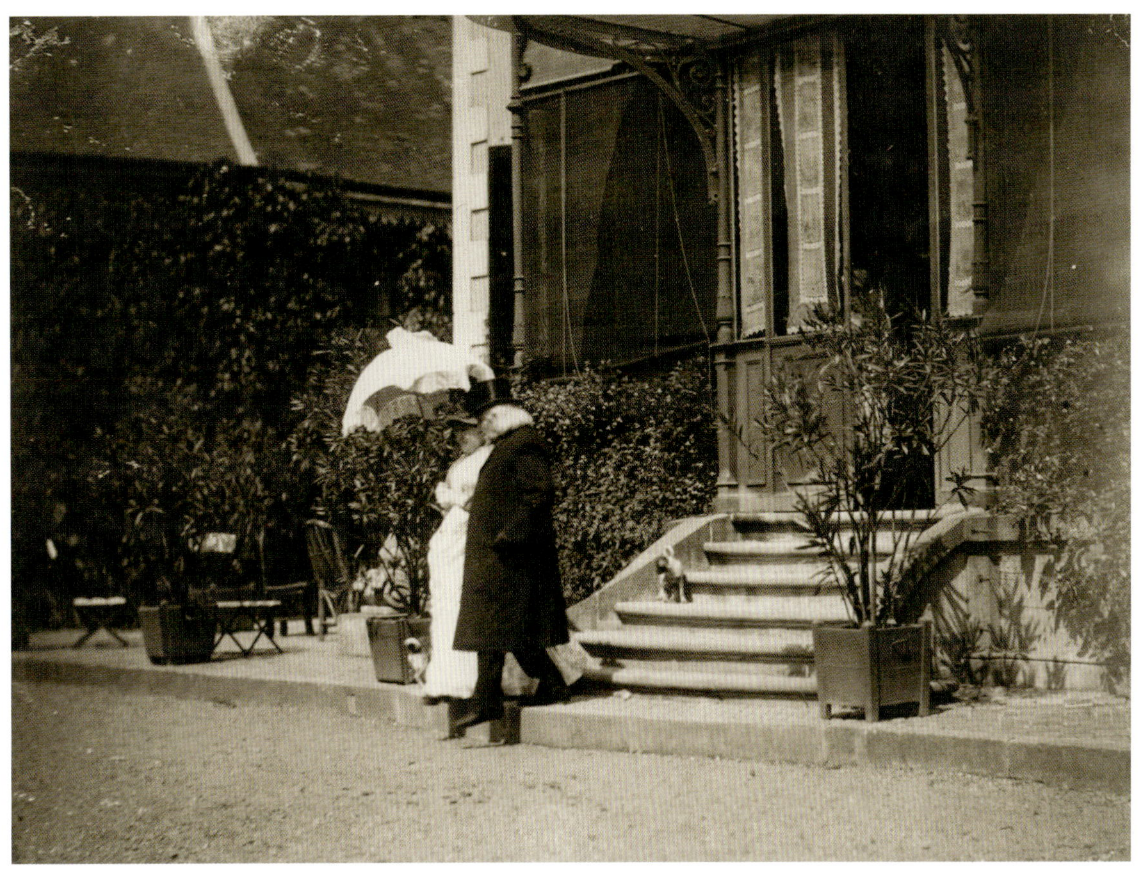

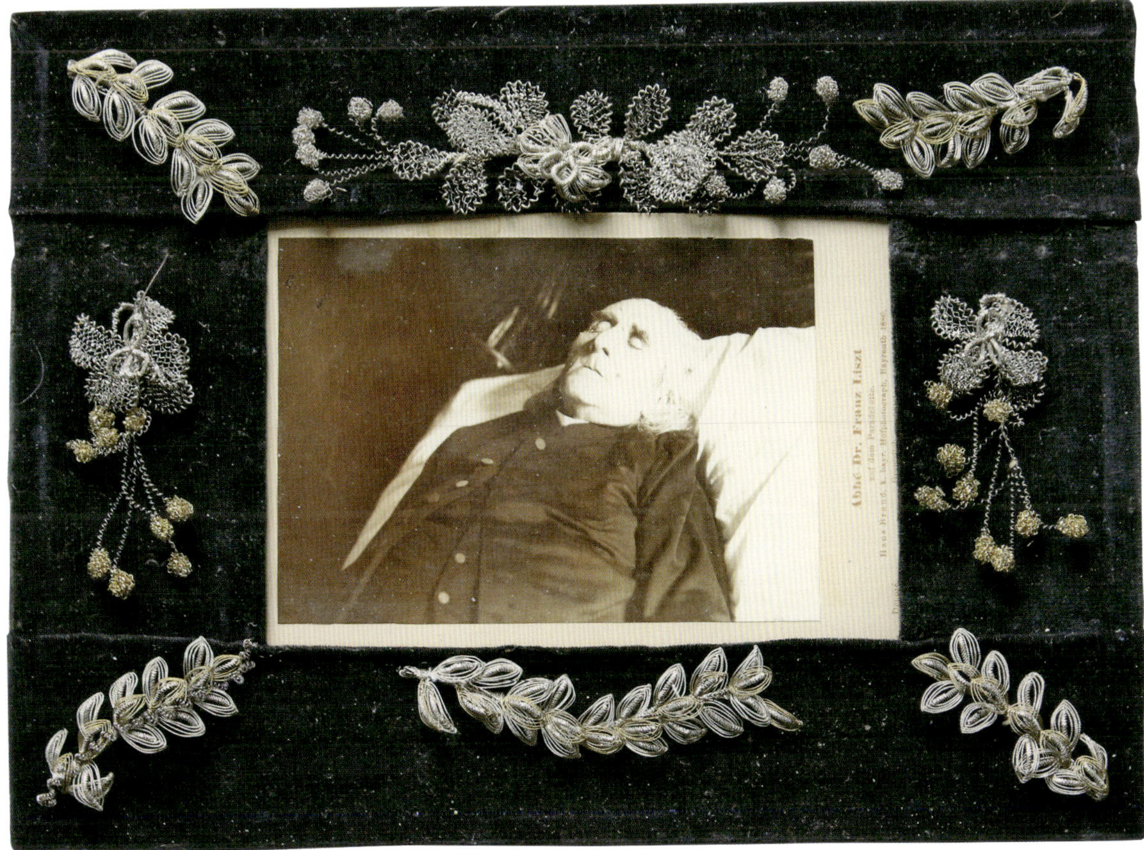

122

NAMENSVERZEICHNIS

Agoult, Gräfin Marie d' S. 30, 40
Albert, Eugen d' S. 72
Albert, Joseph S. 46, 54
Alessandri, Antonio d' S. 30
Alessandri, Antonio d' S. 30
Angerer, Ludwig S. 56
Apponyi, conte Albert S. 58
Augusz, Baron Antal S. 58

Bach, Emil S. 104
Bach, Johann Sebastian S. 30, 56, 86
Bache, Walter S. 76
Bagby, Albert Morris S. 94
Barberini, Familie S. 36
Beethoven, Ludwig van S. 14, 16, 32, 34, 54, 56, 58, 60, 66, 70, 72, 74, 86, 96, 104
Benque & Co (Photographen) S. 98
Berlioz, Hector S. 16, 18, 20, 22
Bettini, Riccardo S. 68
Beyer-Held, Ella S. 74
Bieler, August S. 107
Biow, Hermann S. 13
Blanc, Numa S. 30
Blüthner, Julius S. 107
Böhm, Joseph S. 68
Bösendorfer, Celeste S. 62
Bösendorfer, Ludwig S. 62
Borsos, József S. 36, 38
Brahms, Johannes S. 18, 28, 34, 72
Brand, Hans S. 109
Brandt, Marianne S. 107
Breitkopf & Härtel S. 32
Brodkorb, Herr S. 94
Bucher, Paul S. 74
Bülow, Daniela von S. 70, 98
Bülow, Hans von S. 16, 18, 20, 22, 24, 38, 40, 56, 68, 70, 72, 74
Burmeister, Richard S. 84
Busoni, Ferruccio S. 66

Caffarelli, Familie S. 70
Canzi, Ágoston S. 38, 40
Carjat, Étienne S. 40
Carl, Alexander S. 28, 50
Chopin, Frédéric S. 16, 56
Colonello, Achille S. 76
Cornelius, Peter S. 18, 24
Crémière, Léon S. 40

Daguerre, Louis Jacques Mandé S. 13
Dante Alighieri S. 40, 70
Daudet, Léon S. 100
Dayas William S. 76, 107
Della Valle, Giuseppe S. 54
Doctor, Albert S. 36, 38
Downey, Daniel S. 104, 107
Downey, William S. 104, 107
Drewing, Viktoria S. 88
Dunkl, Johann Nepomuk S. 58
Dyck, Anthonis van S. 28

Elisabeth, Kaiserin S. 46
Elliott, James S. 104
Erwin, s. Hanfstaengl, Erwin
Essipow, Annette S. 60

Festetics, Graf Leó S. 38
Fleischer, Richard S. 109
Flotow, Friedrich von S. 14
Franz Joseph, Kaiser S. 24, 26
Friedheim, Arthur S. 84, 88, 107
Frisch, Louis S. 30
Fry, Samuel S. 104

Gabory, Edmund S. 13
Ganz, Julien S. 70, 72
Ghemar, Louis S. 20
Gille, Carl S. 50, 84, 107
Glaeser, E. S. 34
Glasunov, Alexander S. 107
Göllerich, August S. 84, 94, 107
Goepfart, Carl S. 107
Gottschalg, Alexander Wilhelm S. 56, 88
Gounod, Charles S. 30
Grünberg, Max S. 107

Haase, Ludwig S. 30
Halir, Carl S. 107
Hanfstaengl, Edgar S. 50
Hanfstaengl, Erwin S. 40
Hanfstaengl, Franz S. 22, 24, 28, 46, 50, 54, 74
Hanslick, Eduard S. 60, 104
Haynald, Kardinal Lajos S. 58, 72, 90, 108
Held, Louis S. 54, 68, 74, 76, 78, 80, 84, 86, 88, 90, 92, 94, 96, 107
Heller, József S. 38, 40
Hempel-Friedheim, Annette S. 88
Hertel, Friedrich S. 66
Hill, Karl S. 107
Hoehne, Theodor S. 70
Hoffmann, Ernst Theodor Amadeus S. 28
Hohenlohe-Schillingsfürst, Kardinal Gustav Adolf von S. 34
Huszár, Imre von S. 58

Jadassohn, Salomon S. 107
Janina, Olga S. 50, 56
Joachim, Joseph S. 18, 28
Jungmann, Johann S. 68

Kahnt, Christian Friedrich S. 84, 107
Karácsonyi, Graf Guido S. 58
Kaulbach, Wilhelm von S. 22, 24
Klengel, Julius S. 107
Klengel (Gattin von Julius Klengel) S. 107
Klösz, György S. 62
Knüpfer, Paul S. 107
Koller, Károly S. 94
Kozmata, Ferencz S. 58, 60, 62
Krause, Martin S. 107
Krautwald, Josefine von S. 76
Kreutzer, Rudolph S. 8
Krivácsy, Ilona von S. 76, 84

Lachmund, Carl V. 76, 86
Lachmund, Karoline S. 76, 86
Lamartine, Alphonse de S. 28
Lambert, Alexander S. 84
Langsdorff, Heinrich von S. 70
Lenbach, Franz von S. 24
Le Lieure, Henri S. 68, 90
Le Lieure, Maria S. 68
Lenau, Nikolaus von S. 28

Leßmann, Otto S. 84, 107
Lichnowsky, Fürst Felix S. 14
Liebling, Saul (Sally) S. 88
Liszt, Anna S. 40
Liszt, Blandine, s. Ollivier, Blandine
Liszt, Cosima, s. Wagner, Cosima
Liszt, Daniel S. 24, 28
Liszt, Ritter Eduard von S. 46, 56
Löcherer, Alois S. 54
Lourie, Isabella S. 76
Lucke, F. Ernst S. 54
Luckhardt, Fritz S. 56
Ludwig II, König S. 40

Mahlendorf, Gunther S. 107
Mansfeld, Hugo S. 88
Mathaus, Hermann S. 54
Mayer, Ernest S. 74
Mayer, Louis Frédéric S. 74
Menter, Sophie S. 66, 78, 90
Metzdorff, Richard S. 107
Meyendorff, Felix von S. 32
Meyendorff, Olga von S. 32, 78
Mihalovich, Ödön von S. 58
Monet, Claude S. 100
Mosonyi, Mihály S. 54
Mozart, Wolfang Amadeus S. 22
Müller, Anna S. 76
Müller-Hartung, Karl S. 54
Mulnier, Ferdinand S. 40
Munkácsy, Cécile S. 108
Munkácsy, Mihály S. 72, 108

Nadar, Félix (Tournachon, Gaspard Félix) S. 28, 74, 90, 100
Nadar, Paul (Tournachon, Paul) S. 100
Nicolai, Otto S. 20
Numa, s. Blanc, Numa

Ollivier, Blandine S. 20, 22, 30
Ollivier, Émile S. 22

Paraninoff, Mele S. 88
Petit, Pierre S. 46, 74
Pierson, Pierre Louis S. 74
Pius IX., Papst S. 28, 32
Plotényi, Nándor S. 34, 46
Porges, Heinrich S. 84
Posse, Wilhelm S. 76, 84
Prokofiev, Sergej S. 60

Raff, Joachim S. 16
Raffaello, Sanzio S. 40
Rákóczi, Franz II. S. 72
Ramann, Lina S. 107
Ranouchewitsch, Katharina S. 76
Rehberg, Willy S. 107
Reisenauer, Alfred S. 76, 84, 88
Rembrandt, Harmensz van Rijn S. 28
Reményi, Ede S. 34, 46
Renno, Eberhard S. 74
Renno, Renate S. 74
Renno, Stefan S. 74
Reutlinger, Charles S. 36
Richter, Hans S. 58, 68
Riedel, Karl S. 107
Ritter, Alexander S. 107
Rossini, Giacomo S. 34
Rosenthal, Moriz S. 88, 94
Rubinstein, Anton S. 56, 90

Saint-Saëns, Camille S. 40, 54, 68
Salomon (Adam-Salomon), Antoine Samuel S. 28, 40
Sanglau, Achille S. 32, 34
Sauer, Emil S. 88
Sayn-Wittgenstein, Fürstin Carolyne von S. 14, 16, 18, 22, 24, 28, 30, 58, 68, 76, 78
Sayn-Wittgenstein, Prinzessin Marie von S. 56
Schaarwächter, J. C. S. 74
Schenk, Adelbert S. 16, 18
Schenk, Carl S. 16, 18
Schindler, Anton S. 104
Schmidt, Georg S. 14
Schorn, Adelheid von S. 78
Schrecker, Ignaz S. 38
Schröder, Carl S. 107
Schubert, Franz S. 20, 40, 60, 72
Schultze, Adolf S. 107
Schumann, Clara S. 56
Schumann, Robert S. 20, 30, 56
Schwendtner, Mihály S. 54
Seidl, Arthur S. 107
Senkrah, Arma (Anagramm für Mary Harkness) S. 94
Sgambati, Giovanni S. 34, 40, 70
Siloti, Alexander S. 74, 76, 88, 107
Simor, János S. 90
Stahr, Anna S. 84
Stahr, Helene S. 84
Stavenhagen, Bernhard S. 104, 107, 108
Stelzner, Carl Ferdinand S. 13
Stern, Margarethe S. 107
Stradal, August S. 68, 107
Street-Klindworth, Agnes S. 18, 40
Széchényi, Graf Imre S. 56, 58

Talbot, Henry Fox S. 14
Tausig, Carl S. 24, 54, 56
Tournachon, s. Nadar

Vendramin, Familie S. 72
Verdi, Giuseppe S. 16, 72
Verdier, Maria, s. Le Lieure
Vianelli, Fratelli (Photographen) S. 68

Wagner, Cosima (geb. Liszt) S. 18, 20, 22, 34, 38, 46, 72, 108
Wagner, Richard S. 14, 16, 18, 20, 22, 24, 28, 34, 38, 46, 50, 54, 56, 60, 62, 66, 68, 70, 72, 74, 78
Waller, S. Henry S. 76
Weber, Carl Maria von S. 36, 46, 58
Weingartner, Felix von S. 84
Wolff, Maisy S. 108

Zeyl, Henri van S. 76
Zichy, Graf Géza S. 74

IMPRESSUM

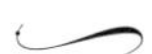

Sondershäuser Kataloge XIV

Herausgeber
Schlossmuseum Sonderhausen

Autor
Ernst Burger

Gestaltung
Annett Stoy, Katharina Stark
Sandstein Verlag

Satz und Reprografie
Katharina Stark
Sandstein Verlag

Druck
FINIDR s.r.o., Český Těšín

Die Deutsche Nationalbibliothek verzeichnet diese Publikation in der Deutschen Nationalbibliographie; detaillierte bibliographische Daten sind im Internet abrufbar über http://dnb.dnb.de

ISBN
978-3-95498-489-3

Titelbild
Franz Liszt
Photographie (Ausschnitt),
München 1869,
von Edgar Hanfstaengl